Sophy Burnham

Die Nähe deiner Engel

W

Sophy Burnham

Die Nähe deiner Engel

Walter-Verlag
Solothurn und Düsseldorf

Titel der amerikanischen Originalausgabe:
Angel Letters
Erschienen bei Ballantine Books, New York.

Übersetzung aus dem Amerikanischen von Dr. Marta Jacober

Die Deutsche Bibliothek – CIP-Einheitsaufnahme

Burnham, Sophy :
Die Nähe deiner Engel / Sophy Burnham.
[Übers. aus dem Amerikan. von Marta Jacober]. –
Solothurn ; Düsseldorf : Walter, 1993
Einheitssacht. : Angel letters <dt.>
ISBN 3-530-12841-4

Satz: Digital Type & Picture AG, Wiedlisbach
Druck und Einband: Kösel GmbH & Co., Kempten
Printed in Germany
ISBN 3-530-12841-4

Ich möchte allen jenen danken, die das Buch «Engel. Erfahrungen und Reflexionen» so warmherzig aufgenommen haben, und mich bei den vielen Menschen entschuldigen, deren Beiträge ich aus Platzmangel hier nicht aufnehmen konnte.

Das ist Ihr Buch, Ihnen und Ihren Engeln gewidmet.

Giotto, Engel aus der Chiesa dell'Arena, Padua.

Vorwort
oder Die Lust auf Erfahrung

Sophy Burnham hat 1990 ein Engelbuch geschrieben, das populär geworden ist: «Engel. Erfahrungen und Reflexionen» (Walter-Verlag 1992). In den USA hat dieses Buch nicht nur den Rang eines Bestsellers erreicht, sondern es hat zu einer eigentlichen Neubesinnung auf die Welt der Engel geführt. Die Autorin schließt das Buch mit der Einladung an die Leser und Leserinnen, ihr doch die eigenen Erfahrungen mit Engelwesen mitzuteilen. Sophy Burnham hat daraufhin Hunderte und Hunderte von Zuschriften erhalten. Das vorliegende Buch bringt nun eine kleine Auswahl der mitgeteilten und anvertrauten Erlebnisse.

Die Autorin hat mit ihrem «Engel. Erfahrungen und Reflexionen» eine Welt von hoffnungsvoller Geborgenheit gezeichnet. Die folgenden Briefe bestätigen diese Überzeugung, oder sie lassen sich als Ausdruck der menschlichen Sehnsucht nach dieser Geborgenheit lesen. Wir werden dem Buch also am ehesten gerecht, wenn wir es mit den Fragen angehen, ob wir selber die Sehnsucht nach umfassender Geborgenheit kennen und inwieweit wir ihr Raum geben – lassen wir uns von ihren Boten ansprechen, in welcher Gestalt vermögen sich ihre Boten bei uns einzustellen? Wenn wir das Buch mit diesen Fragen lesen, werden wir die Menschen, die uns ihre Erfahrungen erzählen, respektieren, auch wenn diese Erfahrungen nicht die uns vertraut gewordene Gestalt besitzen oder wir die mitgeteilten Erfahrungen anders deuten würden.

Viele Menschen erleben alles andere als eine Welt der Geborgenheit. Wo sind ihre Engel? Sind diese Menschen einfach unfähig, die Zuwendungen der Engelwesen wahrzunehmen, oder ist diese Zuwendung nur für ein paar wenige da? Was bedeutet ihr Leiden? Warum kommen Engel zu bestimmten Menschen, zu bestimmten Völkern und zu anderen nicht? Weshalb erscheinen sie im einen Moment und in einem anderen nicht? Solche wertenden Fragen machen deutlich, wie schnell menschliche und allzu menschliche Gesichtspunkte in die Deutung von besonderen Erfahrungen hineinspielen und sie verfälschen können. Sophy Burnham antwortet in ihrem ersten Engelbuch auf alle diese Fragen mit einer Gegenfrage: «Und wenn es tatsächlich Engel gibt, wie sieht dann mein Bezug aus zu mir selber, zu den andern Menschen, zu Gott?»

Die Autorin hat mehrere Aspekte der Engelslehre, die ja nicht nur in der jüdisch-christlichen Tradition, sondern auch in anderen Religionen vorhanden ist, in ihrem schon genannten Werk behandelt. In diesem neuen Buch, in dem sie vor allem als Herausgeberin spricht, geht sie nicht mehr darauf ein. Die mitgeteilten Erfahrungen stehen ohne Erklärung und ohne Bewertung nebeneinander. Was somit an verschiedenen «Engelserfahrungen» zusammenkommt, mag für die einen erfrischend lebendig, für andere erschreckend naiv sein, mag zu großem Vertrauen anregen, aber auch zu heftigem Kopfschütteln.

Ich kann mir vorstellen, daß sich sehr kritisch eingestellte Leser und Leserinnen berechtigt sehen, dem Buch Aberglauben oder auch den Mangel an intellektueller Auseinandersetzung vorzuwerfen. – Tatsächlich werden weder die ursprünglichen Zeugnisse des Engelglaubens, etwas die Bibel oder die heiligen Texte anderer Religionen, historisch-kritisch hinterfragt, noch werden die entsprechenden Deutungsversuche der christlichen oder islamischen Theologie ernstgenommen. Ebenso fehlt der Bezug zu den verschiedenen Vorstellungen von besonderen Wahrnehmungs- und Bewußtseinsebenen, die die neueren Schulen der Psychologie erarbeitet haben und die in diesem Zusammenhang sehr hilfreich sein können. – Die Kritik kann berechtigt sein, aber sie geht an den Absichten der Autorin vorbei. Denn ihr geht es in erster Linie um eine Dokumentation jener Lebenssicht, die verstärkt ihre eigene geworden ist: Wir sind «umgeben von Geistern und geistigen Wesen (...), nicht nur in unserer Phantasie als Metaphern unserer Vergangenheit, sondern auch in Wirklichkeit – von unseren verstorbenen Lieben, die uns beobachten, und auch von höheren geistigen Wesen von großem Glanz und Pracht, Offenbarungen des Göttlichen, die uns armen Menschen Besseres zudenken, als wir uns vorstellen können. Und ich glaube, wenn wir sie in Ruhe lassen und ihnen wie Kinder in vollkommenem Vertrauen, in Liebe und demütiger Dankbarkeit begegnen, werden sie uns überwältigend segnen.» (S. 13)

Die Geschichte der Religion läßt sich als das Ringen um ein unverfälschtes Gottesbild verstehen, ein Gottesbild, das von den menschlichen Projektionen gereinigt worden ist. Dasselbe ist vom Engelverständnis zu sagen. Wenn das Buch wenig oder gar nicht um eine solche Reinigung der Engelsvorstellung bemüht ist, so wird einerseits deutlich, daß das Ringen um ein echtes Gottesbild jeder Generation und jedem einzelnen Menschen wieder aufgegeben ist. Andererseits verdeutlicht das Urwüchsige, Direkte und Naive einzelner Erfahrungsberichte aber auch, wie leblos das akademisch und fachgerecht gereinigte Gottesbild geworden ist, so leblos, daß die Menschen zu den undefinierbaren Erfahrungen des konkreten Lebens zurückkehren müssen, wenn sie Gott wiederentdecken sollen.

Am meisten berührt mich persönlich, was Sophy Burnham als letzte Geschichte selber erzählt: das kleine Mädchen, das sich seinem neugeborenen Geschwisterchen nähert und ihm zuflüstert: «Erzähl mir von Gott. Ich vergesse ihn.» – Die englische Formulierung «I'm forgetting» ist vielsagend: Ich habe ihn vergessen, ich beginne ihn zu vergessen, oder: ich verliere ihn. – Haben die Kinder noch das Sensorium für diese Welt der göttlichen Geborgenheit? Sind die Kinder für uns die Boten der göttlichen Geborgenheit? Sollen wir deshalb wieder wie Kinder werden?

Peter Wild

Einführung

Engelsbriefe. Wir schreiben unseren Engeln Briefe. Und Briefe kommen zurück zu uns wie Blätter, die auf der Luft schaukeln. Sie landen auf dem Teich unseres Bewußtseins, manchmal so sanft, daß wir sie kaum wahrnehmen und ihr Hiersein erst dank der Kräuselung des Wassers, das sich in stets weiteren Kreisen nach außen bewegt, erkennen.

Dieses Buch ist eine Fortsetzung zum Buch «Engel. Erfahrungen und Reflexionen». Es enthält eine kleine Auswahl aus den vielen Briefen, die ich auf jenes Buch hin empfing. Die Briefe, ein Strom persönlicher Erfahrungen und Beichten, trafen ein, kaum war das Buch erschienen. Ich ordnete sie nach ihrem Inhalt – Engelgeschichten, Autounfälle, Träume, Geister, Visionen, Stimmen und andere zu den göttlichen Geheimnissen gehörende Ereignisse. Es gab Bitten um ein persönliches Gespräch, um mehr Informationen, um Vorträge oder Seminarien über Engel. Es gab Leser, die fragten, wie sie mit Engeln in Berührung kommen, mit ihnen zusammenarbeiten könnten und wie sie diesen heilenden Führern Freund würden.

Engel sind so sehr geliebt, daß die Leute Bücher, Gedichte, Broschüren, Zeichnungen, Fotos und Diapositive von Engelmalereien, Postkarten, Tonbänder und Kunstwerke schickten; fast alle verliehen ihrer Dankbarkeit für die Veröffentlichung dieses Buches rührenden Ausdruck.

Ich möchte Ihnen sagen, wie dankbar ich für Ihr so schönes Buch bin. Es nahm mich auf Anhieb gefangen wie noch kein anderes und machte mich erschauern ... ein richtiges Wunder für mich.

Ich war erst bis zu Seite 57 Ihres Buches gelangt, da wußte ich schon, ich würde Ihnen schreiben müssen.

Ich habe eben Ihr Buch «Engel» fertiggelesen und wußte schon vorher, daß ich Ihnen zu schreiben hatte. Welch wundervolles Geschenk haben Sie der Welt gemacht.

Ich erwarb kürzlich Ihr Buch ... Ich bin zwar erst im dritten Kapitel, das mich an manchen Stellen weinen machte, aber ich fühle einen überwältigenden Drang, Ihnen zu schreiben.

Eine junge Frau schrieb, ihre Mutter habe ihr das Buch am Kaminfeuer vorgelesen. Jemand anders sah es auf dem Nachttisch einer sterbenden Freundin.

Immer wieder berichteten Leute, sie seien zu dem Buch «hingezogen» worden. Eine Frau fuhr, voller seelischer Not, in ihrem Wagen dahin, als sie eine Buchhandlung sah und plötzlich den Drang verspürte, anzuhalten. Eine andere hatte den Eindruck, das Buch sei ihr vom Gestell entgegengesprungen. Wieder andere Briefe erzählten von Erfahrungen mit Engeln, von Verzückung oder Ekstase, von Licht, von Gott, wie immer man dieses Wort verstehen mag.

Wir *alle* haben Engel, die uns führen und über uns wachen, das zeigen diese Briefe: sie sind wie die Spuren von Engeln im Sand. Man kann sie als zerbrechliche Signaturen ansehen, die angeben, daß da einen Augenblick lang etwas gestanden hat und weiterging, und wir sehen sie nur kurz, wie

Fußstapfen vor dem Anrollen der Flut, die die Strände reinwäscht. Überall Engel. Wie erbittet man ihre Hilfe? Man erfleht sie. Man dankt ihnen. Wer kann sie erkennen? Jedermann. Oder vielleicht niemand.

Sie kommen zu Kindern wie zu hochbegabten Menschen, zu Irren, zu Leuten von großer Einfachheit und Herzensreinheit. Sie kommen eher zu gewöhnlichen Leuten als zu solchen, die weltliche Macht erstreben.

Durch die Arbeit am Buch «Engel» bin ich zu einem persönlichen Glauben gelangt, nämlich, daß wir umgeben von Geistern und geistigen Wesen sind, nicht nur in unserer Fantasie als Metaphern unserer Vergangenheit, sondern auch in Wirklichkeit – von unseren verstorbenen Lieben, die uns beobachten, und auch von höheren geistigen Wesen von großem Glanz und Pracht, Offenbarungen des Göttlichen, die uns armen Menschen Besseres zudenken, als wir uns vorstellen können. Und ich glaube, wenn wir sie in Ruhe lassen und ihnen wie Kinder in vollkommenem Vertrauen, in Liebe und demütiger Dankbarkeit begegnen, werden sie uns überwältigend segnen. Sie spielen mit uns. Sie sorgen für uns. Sie heilen uns, berühren uns, streicheln uns mit unsichtbaren warmen Händen und versuchen stets, uns das zu geben, was wir wünschen. Wissenschaftlich sind sie nicht zu erblicken, aber man kann ja auch ein schwarzes Loch im Raum nicht sehen. Ihre Gegenwart ist immerhin bekannt, und vielleicht rufen die in diesem Buch enthaltenen Briefe manchen Menschen in Erinnerung, daß auch sie einmal die Berührung eines Engels, das Flüstern ihrer Flügel, oder eine unsichtbar vorbeigleitende Botschaft erfahren haben, die besagte «Wir sind hier» und «Vergeßt das nicht».

Anmerkung der Verfasserin

Die meisten der Briefeschreiber haben uns freimütig erlaubt, ihre Geschichte unter ihrem vollen Namen zu veröffentlichen. Fünf davon wünschten jedoch ihre Privatsphäre zu schützen und baten um Anonymität. Ich habe versucht, dem Rechnung zu tragen mit der Formel «Name auf Verlangen nicht genannt».
Bei einer Briefschreiberin habe ich nur die Initialen hingesetzt zum Schutz derer, über die sie sich äußert.

Briefe über Engel

Folgendes geschah 1958, als ich Pilot eines Düsenkampfflugzeuges der Marine war. Unser Flugzeugträger dampfte im Pazifik gen Norden, östlich des Japanischen Meers an einem Tag im Spätherbst. Das Meer ging hoch, aber nicht hoch genug, um Flüge zu behindern. Unser Flug, der letzte des Tags, begann um drei Uhr nachmittags und dauerte etwa anderthalb ereignislose Stunden.

Als wir zurückkamen, schlingerte und stampfte das Schiff im noch höher gewordenen Seegang dermaßen, daß unsere Flugzeuge nur schwer landen konnten, entweder wegen der Schräge des Decks oder weil das vorhergehende Flugzeug mit seinen Bremsvorrichtungen nicht zurechtkam und die Ladefläche blockierte. Sechsmal versuchte ich die Landung, und sechsmal wurde ich fortgewinkt. In mir stieg Angst auf. Jeder Landeanflug verbrauchte 80 bis 100 Liter Treibstoff, und ich hatte nur noch ca. 200 Liter.

Bei meinem achten Versuch wurde ich wieder abgewiesen.

«Wie steht es mit Treibstoff?», fragte der Air-Boß über den Funk.

«Noch 80 Liter.» Der Air-Boß fragte, was ich zu tun gedenke. Ich hatte die Wahl, entweder bis auf Fallschirm-Absprunghöhe zu steigen und vor dem Ende des Treibstoffs abzuspringen oder nochmals einen Landeversuch zu wagen, wobei keine Rettung mit Fallschirm möglich war und das Flugzeug, falls das Ganze nicht gelang, ins Meer stürzen würde. Es war unterdessen Abend geworden, und das Schiff kämpfte mit so rauher See, daß der Rettungshelikopter hatte landen müssen. Mein Flugzeug war das letzte in der Luft. Ich kam zum Schluß, daß meine Überlebenschance bei einem Fallschirmabsprung in die kalte, hoch aufwallende See bei einbrechender Nacht praktisch gleich Null war. Selbst bei ruhigen Bedingungen war eine Wasserlandung nicht zu empfehlen; das Flugzeug konnte in Stücke gerissen werden. Ich sagte dem Air-Boß, ich würde es nochmals versuchen.

Als ich die letzte Strecke meines Landeflugs anging, betete ich laut in meine Sauerstoffmaske, aber nicht über Funk: «Herr Jesus Christus, ich brauche Deine Hilfe, sonst sterbe ich. Dies geht über meine Kräfte.» Meine Frau, mit der ich seit einem halben Jahr verheiratet war, erwartete unser erstes Kind. Ich betete: «Ich möchte eine Familie. Ich möchte meine Kinder sehen. Aber wenn es Dein Wille ist, daß ich jetzt sterbe, nehme ich Deinen Willen an. Ich werde dieses Flugzeug nach bestem Wissen und Gewissen steuern bis zum Ende.» Ich zielte auf die Landefläche. Plötzlich überwältigte mich ein Gefühl großer Wärme, Liebe und unbeschreiblicher Freude. Meine Furcht war verflogen. Obschon meine Hände am Armaturenbrett waren, wurde das Flugzeug von einem weit besseren Piloten als mir geflogen. Ich wußte, mein Gebet war erhört worden und ich hatte nichts zu fürchten. Als das Flugzeug etwa drei Kilometer vom Schiff entfernt war und in 350 Meter Höhe zum Landen ansetzte, erblickte ich in äusserstem Erstaunen das Schiff: Es schien auf einer riesigen Plattform aus Wasser zu schweben. Die Wellen konnten da nicht eindringen, und das Schiff lag wie in ruhiger See. Das dauerte zwanzig bis fünfundzwanzig Sekunden. Kaum war der Endhaken über den Haltedraht gestülpt, hörte die göttliche Hilfe auf, und das Schiff wurde heftig nach Steuerbord gedrückt. Ich erfuhr später, daß der Tank meines Flugzeugs, als er zwecks Nachfüllen kontrolliert wurde, knochentrocken gewesen sei.

Ich habe übrigens von dieser Erfahrung zu meinen Kameraden nicht gesprochen, und das Schiffspersonal hatte die Wasserplattform nicht sehen können, da sie sich auf jeder Seite des Schiffs nur 20 Meter weit erstreckte. Sie können sich vorstellen, wie überwältigt ich vom ganzen Geschehen war. Fünfundzwanzigjährige Kampfpiloten sprechen zu ihren Kameraden nicht über religiöse Dinge. Aber ich wußte, was passiert war!

Diese Begegnung mit dem höchsten Wesen veränderte mein Leben. Mir schienen jetzt menschliche Ziele wie Reichtum, Macht und Rang ziemlich unwichtig. In Gegenwart prinzipienloser Männer und Frauen fühle ich mich seitdem unwohl; manchmal bekomme ich kalte Schauer.

Seither habe ich mein Leben Christus anvertraut. Meine Ehe ist seit dreiunddreißig Jahren sehr glücklich, ich hatte Kinder und Enkel und konnte mich nach den üblichen Wechselfällen des Berufslebens mit achtundfünfzig Jahren zur Ruhe setzen.

Wie seltsam, daß die Menschen ihre Ersparnisse in die Hände von Bankleuten und Liegenschaftshändlern geben, aber nicht daran denken, ihr Glück den Händen Gottes anzuvertrauen.

Name auf Bitte des Erzählers nicht genannt

Viele Briefe erzählen von verlorenen Gegenständen, die wiedergefunden oder ersetzt wurden. Etwa ein Paar Handschuhe für kalte Hände. Manche dieser Begebenheiten sind so erdhaft praktisch, daß sie einen lachen machen. Was ist denn mit diesen Engeln? Sie beziehen Betten, erinnern uns an den Einkauf von Streichhölzern und wechseln Autopneus.

Mir kommt in den Sinn, daß ich einmal ohne Hut in der Wüste war. Ich dachte: «Ich brauche wirklich einen Hut, sonst bekomme ich einen Sonnenstich.» Und vierhundert Schritte weiter, hinter einem Stein, lag ein zerbeulter und zerrissener Strohhut. Ich setzte ihn auf. Das war, ehe ich verstanden hatte, daß etwas – die spirituelle Kavallerie der Engel – über uns wacht und nur darauf wartet, helfen zu dürfen. Uns allen, und jederzeit.

Ich hielt ihn für einen glücklichen Zufall, diesen Hut.

Für einen meiner Geburtstage schenkte mir mein Mann eine Goldkette. Sie war nicht nur sehr schön, sondern einzigartig – jedes Glied stellte ein Herz dar, das mit einem anderen Herzen verbunden war. Am Tag, als er es kaufte, gab es eine einzige solche Kette im Schaufenster, und ich habe nie eine ähnliche gesehen. Sie war mir kostbar, und ich trug sie oft.

Eines Abends ging ich mit meinem Sohn zu einem Eltern- und Lehrertreffen und trug meine Kette. Als wir nach dem Treffen ins Auto stiegen, bemerkte ich, daß meine Kette nicht mehr da war. Ich ging zurück ins Gebäude und schaute überall nach. Ich suchte und suchte. Es war spät geworden, die Schule und der Parkplatz waren leer. Ich spähte in jeden Winkel, aber die Kette war weg.

Am nächsten Morgen telefonierte ich der Schule und fragte den Rektor, ob eine goldene Halskette abgegeben worden sei; natürlich war das nicht der Fall. Er versicherte mir, er werde sich umschauen und mir Bericht geben, falls er sie finde. Mehrere Tage vergingen ohne Bescheid von ihm. Es war ein regnerischer Samstag. Mein Mann wollte mit mir zum Juwelier, um eine neue Halskette zu kaufen, aber daran war ich nicht interessiert; ich wollte meine Kette zurückhaben! Wir beschlossen trotzdem, einkaufen zu gehen. Ich werde nie vergessen, was ich dachte, als wir vom Haus wegfuhren: Wenn meine Halskette jetzt irgendwo im Freien lag, würde der Regen sie wegschwemmen.

Wir gingen einkaufen, und als wir in unsere Einfahrt einbogen, war es fast dunkel. Es regnete immer noch ein wenig. Mein Mann stieg als erster aus und rannte zur Haustür, um sie zu öffnen. Als er den Türknopf in die Hand nahm, sah sein Gesicht plötzlich verblüfft aus. Ich ging sofort zu ihm und sah, was ihn so überrascht hatte: Da hing am Türknauf meine goldene Halskette, leicht erkennbar wegen ihrer herzförmigen Glieder.

Ich rief unsere Nachbarn an (wir wohnten am Ende einer Sackgasse, so daß es nur wenige waren) und fragte, ob jemand von ihnen es war, der meine Goldkette gefunden hatte; aber da ich ihnen nichts von meinem Verlust erzählt hatte, konnten sie ja nicht wissen, wem sie gehörte. Ich rief auch den Rektor der Schule an, aber er sagte, die Kette sei nicht gefunden worden. Mehrere Jungen aus der Umgebung hatten vor unserem Haus im Regen Fußball gespielt, aber sie hatten niemand gesehen, der zu uns hatte kommen wollen.

Bis heute habe ich immer noch keine Ahnung, wo die Halskette geblieben war und wer sie mir zurückgebracht hatte. Sie war und ist mir noch immer besonders kostbar. Es muß in der Tatsache, daß ich sie habe, irgendeine besondere Bedeutung liegen, und ich werde stets dafür dankbar sein, daß sie zu mir zurückkam.

DONNA J. MILLER, Chattanooga, Tennessee

Ich stand vor der Abreise nach Florida. Es war ein windiger, nasser Märzabend, und aus irgendeinem Grund fürchtete ich mich vor dem Fliegen. Damals hatte ich mit Reisen keine Erfahrung, und meine Nerven gingen wirklich mit mir durch.

Beim Abendessen saß ich am Tisch und dachte: «Ich war stets ein Pechvogel; das Flugzeug wird verunglücken.» Ich versuchte, meine Angst mit Humor zu besiegen, aber meine Kehle war zusammengeschnürt und ich den Tränen nahe. Meine Mutter schaute mich an und sagte: «Du wirst es wunderschön haben in Florida.»

Plötzlich – das dauerte volle fünf Minuten – war die Luft mit dem Duft von Orangen erfüllt. So, als hätte jemand direkt vor meiner Nase eine volle, saftige Navel-Orange geschält. Die Luft um den Tisch herum war erfüllt von dem reinen, süßen Duft, und dabei hatte sie eben noch nach dem gebratenen Hühnchen gerochen, das meine Mutter auf den Tisch gebracht hatte. Es gab keine Orangen im Zimmer. Von diesem Duft überwältigt, begriff ich in plötzlicher Gelassenheit, daß ich sicher nach Florida gelangen und sich alles zum Besten wenden würde. Ich war tief erleichtert.

Mir ist klar, daß diese Erfahrung beinahe komisch wirkt, aber sie war so real und unerklärlich, daß ich sie nicht verleugnen kann.

Meine letzte mystische Erfahrung widerfuhr mir vor etwa drei Jahren. Ich besuchte einen Abendkurs in Rockville, Maryland, und da ich in Washington wohnte, brauchte ich oft eine Stunde, um heimzukommen. Ich hatte keinen Wagen, und mit Metro und Bus kam ich erst lange nach zehn Uhr abends in meine Wohnung.

In einer Februarnacht wurde unsere Gegend von einer ganz besonderen Kälte heimgesucht; die Temperaturen sanken bis gegen zwanzig Grad unter Null. Man konnte binnen zwanzig Minuten Frostbeulen bekommen.

Als ich in dieser Nacht die Schule verließ, war ich entsetzt, festzustellen, daß meine warmen Handschuhe aus Sämisch und Wildleder gestohlen worden waren. Ich bestieg die Metro und fürchtete mich bereits auf die lange Wartezeit, bis ein Bus in meine Richtung kommen würde. Ich erinnere mich, wie ich in der Station Van Ness im Lift stand und zu Gott betete, daß der Bus bald kommen würde.

Als ich aus dem Bahnhof herauskam, war die Luft so kalt, daß meine Zähne schmerzten. Ich schob meine bloßen Hände in die dünngefütterten Manteltaschen und marschierte zur Bus-Haltestelle. Als ich um eine Ecke bog, sah ich direkt vor mir eine der hiesigen, in die Hauswand gemauerten Mülltonnen. Sie schien aus irgendeinem Grund erleuchtet, und als ich darauf zuging, lag zuoberst ein Paar Handschuhe. Es waren gewöhnliche, gestrickte braune Handschuhe, nicht besondere, aber sie waren sauber, und es waren beide da. Ich zog sie über meine bereits kälteerstarrten Hände. Ich dankte Gott innig. Der Bus kam erst eine halbe Stunde nachher.

Wieder ist mir klar, daß diese Erfahrungen nicht so ehrfurchtgebietend oder göttlich sind wie einige – oder die meisten in Ihrem Buch festgehaltenen. Aber sie haben meinen Glauben an eine höhere Macht und an Schutzgeister gestärkt.

ELIZABETH USSERY, Washington, D.C.

Etwa ein Jahr nach dem Tod meines geliebten Gatten saß ich in meinem Wohnzimmer und fühlte mich verloren und allein – ich weinte und weinte. Plötzlich war das Zimmer mit überwältigendem Blumenduft angefüllt. Es war mitten im Winter. Da läutete das Telefon; eine Freundin wollte mich besuchen. Ich sagte, ich sei heute nicht in sehr heiterer Stimmung, aber sie kam trotzdem. Als sie eintrat, fragte sie: «Wo sind die Blumen?» Ich antwortete: «Millie, riechst du sie auch?» Da fragte sie mich: «Was waren Tills Lieblingsblumen?» – «Gardenien», sagte ich. Darauf sprach sie: «Er ist hier bei dir und sagt dir, du sollst nicht traurig sein.» Daraufhin verschwand der Blumenduft.

MRS RENEE F. MASTALLI, Bethesda, Maryland

Ich werde einen Engel schicken,
der dir vorausgeht. Er soll dich auf
dem Weg schützen und dich an den Ort
bringen, den ich bestimmt habe.
Achte auf ihn und hör auf seine Stimme!
Widersetz dich ihm nicht! Er würde
es nicht ertragen, wenn ihr euch auflehnt;
denn in ihm ist mein Name gegenwärtig.

EXODUS 23,20-21

Engel (Ausschnitt), Wandmalerei, Capua, Sant'Angelo in Formis, 12. Jh.

Herzlichen Dank für Dein Buch «Engel». Deine Geschichten gaben mir Mut und Freude.

Vor kurzem meditierte ich und sah eine plötzliche, unglaubliche Entfaltung oder Explosion von Farben, Farbteilchen aus Gold und Indigo, in einem so ungeheuren Raum, daß ich keine Worte habe, um zu beschreiben, wie dies aussah und welche Empfindungen es in mir auslöste ... ich verstand nur, daß Engel mir zeigten, wieviel Weisheit und schrankenlose Liebe in mir waren! Ein paar Wochen danach fing ich an zu bemerken, daß hinter meiner linken Schulter ein reinweißes Licht erstrahlte, eine liebevolle Gegenwart. Ich kann es fast jederzeit «sehen», und manchmal führe ich im Geist Zwiegespräche, und ich habe das Empfinden, ich werde durch meine Probleme und Unsicherheiten geführt.

Das unglaublichste Erlebnis jedoch hatte ich erst vor einem Monat. Meine vierjährige Tochter Annie erwachte weinend mitten in der Nacht. Ich ging zu ihr und sah, daß sie ihr Bett genäßt hatte. Ich tastete im Halbdunkel nach einem sauberen Leintuch und dachte dabei, hoffentlich paßt es auf ihr Bett. Dann ging ich zu meiner Tochter zurück, kniete am Bettende, faltete das Leintuch auseinander und sah sofort, daß ich ein Fixleintuch erwischt hatte, das zu ihrem Bett paßte. «Danke, Jesus», sagte ich zu mir selbst. Augenblicklich war das Leintuch auf dem Bett. Alle vier Ecken waren sauber eingeschlagen. Ich spürte ein «Gerne geschehen» und fühlte ein starkes Emporwallen von Liebe. Ich kann nicht einmal beschreiben, wie wunderbar das war. Jesus hatte das zu mir gesagt! Selbst Annie hatte etwas bemerkt. Sie fragte mich: «Mami, wie hast du denn das Bett gemacht?» Ich weinte, und muß auch jetzt noch bei der Erinnerung daran weinen. Ich habe versucht, ein paar Bekannten davon zu erzählen, aber ich finde die Worte nicht, um die Wirkung dieses Erlebnisses auf mich zu beschreiben.

Ich habe noch andere «mystische» Erlebnisse gehabt, aber das oben beschriebene ist dasjenige, das ich dem Wirken von Engeln zuschreibe.

Friede mit Dir!

JENNIFER AILSTOCK, Arlington, Virginia

Als ich klein war, wohnte meine Großmutter bei uns. Sie war krank, und ihre ständige Sorge war, sie könnte sterben und ihr Leichnam würde von meinem Bruder und mir gefunden.

Ich war zehn und mein Bruder sechs, als wir an einem kalten Tag von der Schule nach Hause kamen und unsere Großmutter nicht finden konnten. Wir baten eine Nachbarin um Hilfe und betraten ihr Schlafzimmer. Offenbar war Großmutter im Schlaf gestorben und lag nun da, direkt vor uns.

Aber niemand von uns sah sie, nicht einmal die Nachbarin, die bei uns stand. Nur mein Bruder sagte, er sehe drei blauweiße Engel über dem Bett schweben. Die Vorhänge waren beiseitegezogen, und das Zimmer war hell. Ich sah die Engel nicht, und ich glaubte es ihm auch nicht. Für mich sah das Bett einfach aus, als sei es mit Kleidern bedeckt, die man falten sollte.

Aber später, als ich herausfand, daß Großmutter die ganze Zeit über direkt vor uns gelegen hatte, wußte ich, daß Engel am Werk gewesen sein mußten. Die Engel falteten die Kleider auf ihrem Bett.

CYNTHIA BENTLEY, Milwaukee, Oregon

Ich habe große Freude am Engelbuch und beeile mich, meinem Engel zu danken, indem ich Ihnen mein seltsamstes Engel-Erlebnis mitteile.

Mein ganzes Leben, sechsundsiebzig Jahre, verehrte ich meinen Schutzengel. Ich rede mit ihm, als wäre er mein Alter Ego.

Ich war sehr beschäftigt – ich war Lehrerin an der Notre Dame University in K Street, Columbia, und an Wochenenden hatte ich Aufgaben bei St. Bernard's, Riverdale, Maryland übernommen; daneben zog ich fünf Kinder groß. Ich pflegte auf dem Heimweg in einem Einkaufszentrum ein paar Sachen zu besorgen.

Zwei Tage lang vergaß ich, Streichhölzer zu kaufen, und mußte meine Zigaretten an der Dauerzündflamme des Gasherds anzünden. Am dritten Tag erinnerte ich mich während des Unterrichts flüchtig daran und sagte: «Engel, du mußt mich ganz einfach an die Streichhölzer erinnern.»

Am Nachmittag war ich wie üblich im Supermarkt und stand an der Kasse an, als eine Stimme hinter mir *laut* sagte: «Du hast die Streichhölzer vergessen.»

Mir wollten die Beine versagen, als ich mich umdrehte, um meinen Engel anzuschauen. Er war ein älterer Herr, der sich seit Tagen nicht rasiert hatte, und begleitete offensichtlich seine Frau beim Einkaufen. Sie sagte: «Richtig», rollte ihren Einkaufswagen zu den Gestellen zurück, und ich folgte ihr auf dem Fuß.

Es ist tröstlich zu wissen, daß soviele Leute einen himmlischen Eingriff in ihr Leben erfahren dürfen.

Mit Engelsliebe

REGINA ASH, South Bethany, Delaware

Gott befiehlt seinen Engeln,
dich zu behüten auf all deinen Wegen.
Sie tragen dich auf ihren Händen,
damit dein Fuß nicht an einen Stein stößt;
du schreitest über Löwen und Nattern,
trittst auf Löwen und Drachen.

PSALM 91

Im November 1985 fuhr ich mit meiner zehnjährigen Tochter zu meinen Eltern, anderthalb Stunden entfernt. Die Dämmerung setzte ein, als wir auf die vierspurige Autobahn einbogen. Plötzlich hörten wir ein lautes «Pop», und als ich den Wagen auf den Pannenstreifen rollte, erzitterte das Lenkrad. Ich stieg aus und stellte fest, daß ein Reifen platt hatte und wir in einer total entlegenen Gegend waren. Etwa anderthalb Kilometer weiter unten hatte ich einen kleinen Handarbeitsladen bemerkt und beschloß, wir würden uns rückwärtsrollen lassen bis dorthin, wo man uns vielleicht helfen konnte.

Ich stieg wieder ins Auto, und plötzlich tauchte aus dem Nichts ein Wagen auf, und ein freundlicher junger Mann stieg aus (meine Tochter sagte nachher, er habe weiße Kleider getragen). Ich zeigte ihm meinen platten Reifen; er holte das Reserverad, den Wagenheber, den Schraubenschlüssel heraus und setzte das Reserverad ein. Er war ganz schweigsam; er sagte lediglich, ich solle nicht hinter dem Auto stehen, der Wagenheber könnte nachgeben. Gleich darauf bemerkte er, der Wagenheber sei tatsächlich umgestürzt. Er war schnell fertig. Ich dankte ihm und wollte ihm Geld geben, aber er lehnte ab. Ich stieg in mein Auto, er in seines, und als ich aus dem Pannenstreifen ausscherte, rief meine Tochter: «Mami, er ist weg.» Er war verschwunden. Nirgends zu sehen. Er war so plötzlich weg, wie er gekommen war.

MEG DAVIS, Greenville, South Carolina

Ich habe meines Wissens dreimal Engel erlebt. Ich sage «Engel», weil ich nicht weiß, wie ich sie sonst nennen soll.

Das erste Erlebnis stieß mir im Frühjahr 1986 zu. Ich lebe in einer Vorstadt in Maryland und fahre häufig zu Hundeausstellungen in Delaware, Pennsylvania und Virginia, denn wir züchten Hunde und stellen sie aus, und ich bin Richterin für gewisse Terrier-Rassen.

An jenem Samstag im Mai fuhr ich den Baltimore-Washington-Parkway hinauf, um die Route I-95 nördlich von Baltimore zu erreichen; ich wollte zur Hundeausstellung des Wilmington (Delaware)-Züchter-Klubs. Auf einem schmalen Straßenstück vor dem Baltimore-Harbour-Tunnel hatte ich plötzlich platt, und ich fürchtete mich sehr, war doch rechts kaum Platz, um einen Wagen abzustellen. Ich fuhr an den Straßenrand und wußte nicht, was ich tun sollte. Mein Fahrzeug war ein großer Lieferwagen, und ich hatte seit mehr als zwanzig Jahren keinen Wagenheber benutzt. Ich klemmte ein weißes Handtuch ins Fenster und schob mich auf der Mitfahrerseite hinaus, um auf Polizei und Hilfe zu warten.

Nach etwa zehn Minuten hielt ein Stationcar vor mir an. Ein nett aussehender, etwa fünfundzwanzigjähriger Mann stieg aus und fragte, ob er beim Radwechsel helfen könne. Mir fiel auf, daß er nicht lächelte, und ich fand das seltsam, war er doch so freundlich gewesen, anzuhalten und Hilfe anzubieten. Ich dankte ihm für seine Rücksicht, fügte aber hinzu, er werde schrecklich schmutzig werden, aber falls er mich bis zu einem Telefon fahren würde, könnte ich den Automobilklub anrufen. Seine Antwort war die Frage, wo ich Wagenheber und Reserverad hätte; wiederum kein Lächeln. Irgendwie erschreckte mich das, und ich sah auch, daß in seinem Wagen ein Mitfahrer saß. Mir kam der Gedanke, sie könnten mich ausrauben und auf dieser stark befahrenen Straße liegenlassen. Obschon der junge Mann weiße Shorts und ein blaßgelbes Polohemd trug, zögerte er nicht, sich bäuchlings in den Schmutz zu legen, um festzustellen, wo der Wagenheber anzusetzen war. Er wechselte das Rad sehr schnell und ohne jede Schwierigkeit. Als er sich aufrichtete, um den Wagenheber zurückzulegen, fiel mir auf, daß seine Kleidung immer noch blitzsauber war. Ich dankte ihm nochmals und lächelte; mein Lächeln wurde wiederum nicht erwidert. Ich hielt ihm die Zwanzig-Dollar-Note hin, die ich bei mir hatte. Er schaute mir direkt ins Gesicht und sagte leise: «Das ist nicht nötig», stieg in seinen Wagen und fuhr davon. Obschon dieser Mann mit seiner Sportskleidung, seinen mittellangen blonden Haaren und blauen Augen in nichts auffiel, war doch irgendetwas unheimlich «anders» an ihm, und er hinterließ mir einen starken Eindruck. Als ich abends heimkam, erzählte ich meiner Familie von diesem Erlebnis und sagte abschließend: «Das wird wohl mein Schutzengel gewesen sein.» Ich war wirklich hilflos gewesen in einer Lage, die gefährlich werden konnte, und ich bin überzeugt, daß er deshalb erschien und mir half.

Der zweite «Kontakt» mit nichtmenschlichen Wesen ergab sich an einem arbeitsreichen Morgen, als ich auf dem Weg zur Metro war. Ich war von der Durchgangsstraße auf eine Staatsstraße eingebogen, als ich mich plötzlich mitten in einem ungeheuren Durcheinander von Autos fand. Niemand bewegte sich, denn niemand war dazu imstande. Viele Fahrer brüllten einander an (etwas Nutzloseres kann es kaum geben), und Dutzende von Autohupen lärmten (ebenso vergeblich). Auch meine Geduld war zu Ende, als ich einsehen mußte, daß ich, wenn nicht bald etwas in Gang käme, zu spät zur Arbeit kommen würde, und auch ich war so stupide, zum Fenster hinauszubrüllen und zu hupen. Da sah ich plötzlich ein Bild: Mir war, ich stünde am Rand einer Wiese aus grünem Gras und kleinen gelben Blumen. Der Himmel war tiefblau mit weichen, weißen Wolkenhäufchen, und ein glitzernder Bach floß in der Nähe. Mein Geist hatte nicht etwa meinen Körper verlassen, denn mir war gleichzeitig bewußt, daß ich im Verkehr steckengeblieben war. Ich «hörte» innerlich eine sanfte Stimme sagen: «Er weidet mich auf einer grünen Aue und führet mich zum frischen Wasser. Er erquicket meine Seele.» Dann verschwand das Bild so rasch, wie es gekommen war. Ich stak noch immer im Verkehr, aber langsam begann er in Bewegung zu kommen. Ich empfand eine seltsame Seelenruhe, als ich zur Metrostation und zu meiner Arbeit fuhr. Der Tag wurde zwar hektisch, aber aus irgendeinem seltsamen Grund fühlte ich trotzdem großen Frieden. *Nichts* brachte mich außer Fassung, und der Friede dauerte an, bis ich abends einschlief.

Am nächsten Tag war mir der vorausgegangene noch durchaus gegenwärtig, und als ich meinem Pfarrer von den tiefen blauen und grünen Tönen meines Gesichts erzählte, sagte er leise: «C. S. Lewis sagt, Grün und Blau seien die Farben der Engel. Vielleicht wollte der Herr Ihnen einfach deutlich machen, daß in allem Streß Ihres Lebens die Engel da sind, um Sie zu stützen und Ihnen zu zeigen, daß Sie nicht allein sind.»

Mein drittes eindrückliches Erlebnis – oder eher meine Erlebnisse, da sie mehrfach stattfanden – geschah wiederholt in einer sehr großen Untergrundstation, wo vier Linien aufeinandertreffen und ich umsteigen muß. Nicht lange nach meiner blaugrünen Erfahrung bemerkte ich einen älteren Herrn, der auf dem Bahnsteig gegenüber auf einer Bank saß. Dieser Mann glich meinem Vater, der vor vier Monaten gestorben war, außerordentlich. Als ich ihn das erste Mal bemerkte, schaute er von seiner Zeitung auf und starrte mich an. Ein Zug fuhr auf seiner Seite ein, und als er weg war, war der Herr verschwunden. Er war im Zeitraum des nächsten Jahres nicht immer da, und wenn er da war, bestieg er nicht immer den Zug. Manchmal beobachtete er mich, bis mein Zug eintraf. Zum letzten Mal erschien er etwa vier Monate nach meiner Scheidung im Februar 1989, und seither habe ich ihn nicht mehr gesehen, obschon ich stets nach ihm suchte. Ich vermisse ihn, vielleicht, weil er so stark meinem Vater glich, dem ich sehr nahe gestanden hatte.

Wie ich sagte, ich habe keine Erklärung für diese Erfahrungen, ich kann nur sagen, sie geschahen, als ich Trost und Sicherheit brauchte.

BARBARA J. ANTHONY, Seabrooke, Maryland

Den himmlischen Engeln, die Gott
in Demut besitzen und ihm in Heiligkeit
dienen, untersteht die ganze stoffliche
Natur und alles Geistesleben.

AURELIUS AUGUSTINUS

Perugino, Die Anbetung des Kindes.

Was sollen wir vom Schweigen – oder fast totalen Schweigen – dieser hilfreichen, anonymen Geister halten? Es ist sinnvoll. In allen Berichten über knapp vermiedene Unfälle und platte Reifen (ich habe zahlreiche ähnliche Berichte) wird klar, daß das, was den Engel «anders» macht, seine Würde ist – er schwatzt nicht. Es ist, als ob die menschliche Sprache zuviel Energie verbrauche.

Bei anderen Begegnungen wiederum sprechen die Engel, nur kurz und stets in der Muttersprache des Angesprochenen, und manchmal lachen oder lächeln oder spielen sie, und zuweilen kann man sie singen hören.

Ein weiterer Zug ist diesen Geschichten gemeinsam. Der Engel kommt, oft in menschlicher Gestalt, tut seine Arbeit und verschwindet wieder.

•

Im Sommer 1976 hatte ich eine Gelegenheit, nach Washington D.C. zu reisen, wo meine beiden Schwestern wohnen. Meine Stiefschwester Betty und ihr Sohn Bradley, der soeben die High School beendet hatte, lebten in Lawton, Oklahoma. Keiner der beiden war je in Washington gewesen; ich lud sie zum Mitfahren ein, und sie nahmen an. Ich hatte einen neuen Wagen, einen Town Lincoln, der Bradley bedeutend mehr zu interessieren schien als die Hauptstadt.

Ostwärts fuhren wir auf Interstate 40 bis zur Kreuzung mit dem Highway, der den Blue Ridge Mountains entlang führt. An unserem letzten Tag vor Washington aßen wir in Bristol früh zu Abend, direkt an der Grenze zwischen Virginia und Tennessee. Die Kellnerin versicherte uns, die I-66 sei jetzt bis nach Washington hinein fertig. So fuhr ich zur Front Royal-Ausfahrt und ostwärts.

Die Interstate war aber kurz vor Front Royal zu Ende. Wir befanden uns nun auf einer schmalen Landstraße, die um Ställe herumführte und ohne Vorwarnung scharfe Kurven beschrieb. Wir kamen nur langsam voran. Aber schließlich wurde die Straße wieder normaler, und ich konnte wieder mit etwa 60 km/Std. fahren. Brad döste im Rücksitz. Plötzlich schrie Betty auf: «Achtung!» Ein großer älterer Mann in langem grauem Mantel (wir waren im Sommer) schritt langsam zum Straßenrand. Ernst bedeutete er mir, langsamer zu fahren. Es war die Handbewegung mit abwärts gerichteten Fingern, nicht die Geste, die «Stop» oder «Komm» bedeutet.

Als der Wagen etwa zehn Meter von ihm entfernt war, verschwand der Mann. Er machte keinen Schritt. Er bewegte sich überhaupt nicht. Er verschwand einfach.

«Wo ist er hingegangen?» fragte Bradley, den der Aufschrei seiner Mutter geweckt hatte.

«Er ist nicht mehr da», sagte Betty, durchs Heckfenster spähend. Es war so dunkel, sie hätte ihn wohl ohnehin nicht sehen können. Ich verlangsamte mit der Idee, vielleicht rückwärts zu fahren und nach ihm zu suchen. Da die Straße in eine ihrer scharfen Kurven überging, trat ich mit aller Macht auf die Bremse. Da stand eine Gruppe von ungefähr zwanzig Hirschen, mitten in der Straße. Bei 60 km/Std wäre ich bestimmt in sie hineingepflügt. Als mein Scheinwerferlicht auf sie traf, schlenderten sie langsam links von mir davon, manche allein und manche zu zweit.

In Washington versuchten wir, meiner Schwester Marilyn davon zu erzählen. Sie war höflich skeptisch. So gaben wir es auf. Für die Heimfahrt wählten wir eine andere Strecke, und wir sprachen nur hin und wieder von unserer Begegnung.

Ich habe mein Leben lang Bücher geschrieben, aber nie belletristische. Bei Sachbüchern kennt man gewöhnlich das Ende im voraus, und wenn etwas nicht erklärt werden kann, gehört das eben zum Bericht. Ich habe keine Erklärung für den Mann, der damals in Virginia auftauchte.

JOHN CAUSTEN CURREY, Colorado Spring, Colorado

Im Winter 1972 war ich Geistlicher in der Kirchgemeinde einer unserer nordwestlichen Vorstädte. Kurz vor Mitternacht fuhr ich während eines Schneesturms nach Chicago hinein. Als ich die Kreuzung zwischen der Eden- und der Kennedy-Schnellstraße erreichte, wo wenigstens acht Spuren aufeinandertreffen, fuhr mein Wagen auf einen Eisfleck und begann sich rundum zu drehen. Bremsen machte die Sache nur schlimmer. Ich rotierte weiter und konnte den dichten Verkehr auf mich zubrausen sehen. Ein Volkswagen, so schien es, würde mich binnen Sekunden treffen. Er war so nahe; ich konnte den anderen Fahrer trotz des wirbelnden Schnees deutlich sehen. Ich stemmte mich an, schloß kurz meine Augen und dachte «Das war's gewesen». Aber nichts geschah! Ich öffnete die Augen. Mein Wagen stand nun still, und direkt vor mir stand ein großer gelber Schneepflug. Sein Fahrer winkte mir zu, es sei alles in Ordnung – sein Fahrzeug würde mich schützen, während ich wendete. Er blieb hinter mir, bis ich wieder startbereit war. Ich erinnere mich, daß während der ganzen Zeit eine seltsame Stille herrschte und daß der Verkehr rechts und links von mir weiterpreschte. Als ich startete, blickte ich in den Rückspiegel und sah seine Hand, die mir zum Abschied winkte. Dann begann ich heftig zu zittern; die Spannung war übergroß gewesen. Ich fuhr heim, überzeugt, Gottes Hand habe mich vor dem sicheren Tod bewahrt.

Diese Geschichte hat eine Fortsetzung. Eines Tages, mindestens sieben Jahre später, war ich als Priester der Kirche

Saint Thomas the Apostle in Chicago zugeteilt und fragte eine achte Klasse, ob sie je eine persönliche Gotteserfahrung gehabt hätten. Als Beispiel erzählte ich ihnen meine Geschichte. Ich sagte, seit 1972 sei ein gelber Schneepflug für mich ein Symbol des liebenden Schutzes durch Gott gewesen.

Am Nachmittag darauf fuhr ich in einem Regensturm einen Freund nach Hause, auf der südlichen Dan Ryan-Schnellstrasse. Mein vorderer rechter Reifen platzte – das ist mir nur dieses eine Mal passiert. Es war kein großes Problem. Ich befand mich in der äußersten rechten Spur und konnte leicht ausscheren. Als der Wagen stand, schaute ich, ehe ich die Tür öffnete, in den Rückspiegel und sah einen großen Schneepflug, der hinter mir ausgebogen war. Der Fahrer kletterte aus seiner Kabine und kam lächelnd auf mich zu, er trug eine Baseball-Kappe. Als er fragte, ob alles in Ordnung sei, versicherte ich ihm, es sei nichts geschehen. So stieg er wieder in sein Fahrzeug, winkte mir und fuhr davon.

Es mag ja nichts Außerordentliches an sich haben, wenn man an einem lauen Maitag einem Schneepflug begegnet.

Danke, daß ich dies mit Ihnen teilen durfte.

Fr. Dennis O'Neill, Chicago, Illinois

Wir leben in Louisiana. Die Highways in Südlouisiana verlaufen beidseits der Bayous.

An einem Nachmittag, vor ein paar Jahren, wollten meine Mutter und ich meine Schwester besuchen. Wir waren zwar nicht in Eile, ärgerten uns aber doch über die Frau, die vor uns einen großen Wagen fuhr. Sie erinnerte mich an meine Lehrerin in der dritten Klasse, denn sie hatte dunkles Haar, das sie in einem Knoten trug.

Ärgerlich war, daß sie dauernd auf der Bremse herumstand. Es gab keinen Grund, so oft zu bremsen. Wir fuhren mit etwa 70 km südwärts, und sie wurde immer langsamer. Wir dachten, sie kenne sich wahrscheinlich nicht aus. Ich wurde schließlich gereizt, denn wir fuhren nun nur noch 40 km schnell. Dann hielt sie beinahe an und bog rechts in eine lange Pflasterstraße ein.

Ich schaute ihr einen Moment nach, blickte dann auf die Straße und sah mich nochmals nach ihr um. Sie war verschwunden. Für eine so langsame Fahrerin war sie bemerkenswert schnell verschwunden.

Wir fuhren weiter, und plötzlich lief es mir kalt den Rücken hinunter. In der Kurve war ein Achtachser-Lastwagen mit einem kleinen Personenwagen zusammengestoßen. Der Unfall war soeben passiert. Leute eilten noch aus den Häusern, um den Opfern zu helfen. Auto und Lastwagen lagen im Graben.

Geschockt fuhren wir an der Unfallstelle vorbei. Beide schwiegen wir eine Weile. Plötzlich wurde mir klar, daß wir auf Highway 308 waren, links des Bayous Lafouche. Die Highway rechts des Bayou ist Highway 1. Die Frau konnte ausgeschlossen nach rechts auf eine Pflasterstraße abgebogen haben, denn sie wäre im Bayou gelandet. Es gibt keine Pflasterstraßen rechts, nur Bayou-Häuser. Und doch hatten wir sie beide gesehen. Sie war ganz bestimmt nach rechts abgebogen.

Mir kamen die Tränen. War sie ein Engel? Sie hatte uns so stark verlangsamt. Mit der Geschwindigkeit, die wir vorher hatten, wären wir wahrscheinlich in den Unfall verwickelt gewesen.

STEPHANIE BOUDREAUX, Usouna, Louisiana

Wer nicht an Wunder glaubt, ist kein Realist.

DAVID BEN GURION

Das Wort «Engel» bedeutet Botschafter im Griechischen und im Arabischen. Engel überbringen Warnungen, Trost, Nachrichten. Sie wachen. Sie helfen. Sie heilen. Sie retten uns das Leben oder tragen uns zu einem gesegneten Tod. Sie schicken uns Mitteilungen oder Botschaften, die wir brauchen, und stets erinnern sie an etwas, das größer ist als wir selbst.

Immer sagen sie uns: «Fürchte dich nicht. Sorge dich nicht. Alles wird gut. Wir sind hier.» Dann schicken sie uns als Zeichen den Duft von Rosen oder Orangen oder geben uns eine Tasse Kaffee. Und sie sprechen nie einen Tadel aus. Sie sagen nie: «Guter Himmel, jetzt steckst du aber gehörig im Dreck.» Sie schuldigen nie an: «Du Dummkopf, was hast du jetzt wieder gemacht.» Nein, sondern stets: «Fürchte dich nicht. Wir bringen alles in Ordnung. Das wird dir gefallen.»

Und vor Gott verneigt sich alles,
was in den Himmeln ist und auf Erden,
seien es gehende Geschöpfe
oder die Engel;
keiner ist hochmütig vor seinem Herrn.

KORAN

Botticelli, Geburt Christi, um 1498/99.

Ich bin in einer katholischen Familie aufgewachsen und war deshalb schon als Kind sicher, daß ich nicht allein sei. Ich erinnere mich daran, daß ich an meinem Pult an der Saint Gerard Elementary School in Baton Rouge die Gegenwart eines Wesens fühlte. Aber von dramatischen Beispielen seiner Intervention weiß ich nichts.

Erst in meinen späteren Jahren, als ich mein Leben regelrecht in eine Sackgasse geführt hatte, wurden Botschaften gesandt, unausgesprochene Gebete erhört und kam Hilfe von unwahrscheinlichen Seiten. All dies, glaube ich, war das Werk von Engeln.

Mit vierundzwanzig war ich geschieden, stellenlos, hatte kein Heim und vermißte meine vierjährige Tochter Sarah, die bei meinem Ex-Mann lebte.

Es war Weihnachten, die erste ohne meine Tochter, und ich war in Houston bei Freunden und versuchte, fröhlich zu sein. Seit Monaten hatte ich nach Arbeit gesucht, ohne Erfolg. Ich lebte bei meinen ohnehin überbeanspruchten Eltern, und Sarah fehlte mir entsetzlich. Die Schuldgefühle erdrückten mich fast. Ich glaubte, nicht überleben zu können.

Am Weihnachtstag überfiel mich die scheußlichste Migräne meines Lebens. Der Schmerz in meinem Kopf wütete acht Stunden lang, und ich erbrach mich unaufhörlich.

Ich konnte meinen Kopfschmerz und mein Leben einfach nicht mehr ertragen. Ich lehnte gegen die Wand eines unvertrauten Badezimmers und dachte ein einziges Wort: «Hilfe».

Als ich mich im Spiegel anschaute, erblickte ich ein Fläschchen mit Schmerztabletten, das vorher nicht da gewesen war. Pillen, die ich ohne Gefahr nehmen konnte und die meine unglaublichen Schmerzen lindern sollten. Ich nahm eine und schlief die nächsten acht Stunden friedlich. Binnen einer Woche fand ich Arbeit. Nach ein paar weiteren Monaten zog ich in eine eigene Wohnung, und mein Leben begann zu gesunden.

Während dieser Monate hörte ich im Schlaf häufig die Stimme einer Frau; sie sagte mir, ich solle mich nicht sorgen; alles würde gut. Ich glaube, es war die Muttergottes.

Drei Jahre später, als ich wußte, daß ich gerne nochmals heiraten und eine Familie haben möchte, verfiel ich wieder in tiefe Bedrückung. Mich zogen lauter Männer an, die nicht in Frage kamen. Ich traute meinem Urteil nicht mehr und hatte das Ausgehen aufgegeben. Sarah lebte immer noch bei ihrem Vater und besuchte mich nur zweimal im Jahr. Ich war sehr einsam.

Eines Nachts träumte ich von einem Mann, den ich seit Jahren nicht mehr gesehen hatte. Ich hatte mit ihm die High School besucht. Ich träumte, wir seien verheiratet, hätten Kinder und wohnten in einem zweistöckigen Haus.

Am nächsten Tag rief mich aus heiterem Himmel sein Bruder an. Ich fragte ihn nach Charles und erfuhr, daß er abwesend war, doch bald heimkommen wollte. Ein paar Wochen später telefonierte mir Charles, und wir gingen zusammen essen. Nach drei Monaten verlobten wir uns. Ein Jahr später wurde unser Sohn geboren. Und wir erwarben tatsächlich ein zweistöckiges Haus.

Ich könnte noch sehr vieles dieser Art erzählen. Ich betrachte sogar Sie als eine Art Engel, denn Ihr Buch enthält so wunderbare Botschaften – die bestätigen, was ich stets vermutet hatte.

YVETTE Z. PATTERSON, Lake Jackson, Texas

Unser beschränkter Geist braucht nicht
die Unendlichkeit der Wahrheit zu erfassen,
sondern nur von Licht zu Licht zu wandern.

PETER BAYNE

Ich möchte Ihnen ein paar Geschichten erzählen.

Mein Mann und ich sind seit zehn Jahren verheiratet. Unsere Ehe hatte noch nicht lange gedauert, da wurde sein Alkoholproblem bedrückend; er verlor mehrere Stellen, und wir hatten Mühe, uns aus den Schulden herauszuhalten. Ich brauchte dringend seelische Hilfe. Ich versuchte, mit Rechnungen und Geld zu jonglieren, und war mehr und mehr entmutigt. Eines Tages kam aus heiterem Himmel eine kleine Zeitschrift names «Blätter» an, die meine Mutter in unserer katholischen Familie gehalten hatte. Ich hatte keine Ahnung, woher sie kam; ich war nicht abonniert und hatte sie nicht kommen lassen; ich hielt nämlich den «Catholic Digest». Aber in dieser Nummer von «Blätter» war eine Geschichte über die heilige Theresa, die Kleine Blume, und wie Wünsche erfüllt wurden, wenn man fünf Tage ihre Novene betete. Ein paar Wochen später kam eine weitere Nummer von «Blatter» an, in der Leute über den Erfolg ihrer Gebete zur heiligen Theresa berichteten. Dann bekam ich keine Zeitschriften mehr (und nie mehr!). Dazwischen erhielt ich noch zwei Karten mit dem Bild der heiligen Theresa und Novene-Gebeten darauf.

Das ermutigte mich, die Novene zu beten, und das tue ich noch immer. Sie half mir, die dunkelsten Stunden rund um das Alkoholproblem meines Mannes zu überwinden. Ich betete, er möge aufhören zu trinken, und nach einem Jahr tat er es.

Ein Vorfall ist bedeutsam. Wir kauften unser erstes Haus. Wir leisteten die Anzahlung, indem wir ein Darlehen aufnahmen, aber der Rest war binnen weniger Monate fällig. Ich jammerte, wie wir denn eine solche Summe auftreiben könnten; ein weiteres Darlehen würde ich bestimmt nicht erhalten. So betete ich denn zur heiligen Theresa, bat sie um Hilfe und übergab ihr das Problem.

Man sagt, die heilige Theresa gebe ein Zeichen, daß ein Wunsch erfüllt werde, indem sie Rosenduft verbreite oder Rosen erscheinen lasse. Mein Zeichen kam, als mir ein Freund von uns Rosen aus seinem Garten brachte. Ich war ganz sicher, daß dies mein Zeichen war, aber wie wir das Geld bekommen würden, konnte ich mir nicht vorstellen. Am nächsten Morgen entdeckte mein Mann, daß sein Lieferwagen gestohlen worden war. Wie ums Himmels willen konnte das ein gutes Zeichen sein? Nun, der Lieferwagen blieb verschwunden. Das Versicherungsgeld deckte den Rest des Darlehens, das wir auf den Lieferwagen aufgenommen hatten, und es blieb genau soviel übrig, wie wir für unsere Hypothek benötigten. Sie können sich vorstellen, wie überrascht und glücklich ich war. Ich habe nie an der Macht von Gebeten gezweifelt, und ich weiß, es gibt Wesen, die über uns wachen.

Ich danke Ihnen für die Gelegenheit, meine Geschichte zu erzählen. Ich hoffe, sie hilft anderen, die nicht so sicher sind, was es zwischen Himmel und Erde gibt. Es tut mir leid, nicht berichten zu können, daß ich Geister oder Engel gesehen habe, aber mein Glaube ist sehr tief, und ich weiß, daß sie bei uns sind.

Gott segne Sie!

J. T., Virginia

Mein ganzes Leben lang fühlte ich an meiner Seite ein mich führendes Wesen. Wenn ich in der Wildnis wandere, was ich seit meiner Kindheit tue, führt dieses Wesen mich und andere. Ich nannte es manchmal scherzhaft «Allgemeine Richtung».

Ich wuchs in der Wildnis auf. Zehn Jahre lang war ich bei den Pfadfindern und stieg zum «Adler» mit Bronzepalme auf. Mein Leben lang durchwanderte ich die Wälder der Großen Seen allein; oft zog ich die Gesellschaft wilder Tiere derjenigen von Menschen vor. Ich jagte und fischte, paddelte und ging mit Rucksack, wo immer ich hin wollte. Es war also nicht ungewöhnlich für mich, an einem kalten Februartag nach draußen zu gehen. Ich legte eine daunengefütterte Parka, Stiefel, einen Hut und Fausthandschuhe an und machte mich auf den Weg an diesem düsteren und kalten Tag.

Als ich unsere günstige Studentenwohnung verließ, sagte ich den anderen, ich gehe fort, und niemand fragte wohin. Ich ging ans Ufer eines nahen Sees, etwa eine Meile weit weg. Dieser See hat einen Umfang von etwa 40 km, er ist 14 km lang und etwa 8 km breit. Von meinem Standpunkt aus sah ich Eis- und Schneebuckel, und ich schätzte, ich würde vier Stunden brauchen, um bis zur Mitte und wieder heimzukommen.

Der See war seit zwei Monaten gefroren und das Eis sehr dick. Die Leute liefen Ski, spielten, fischten und segelten täglich auf ihm. Auch an jenem Tag sah ich in der Ferne farbig gekleidete Menschen. Ich setzte mir ein Ziel, das ich eben noch sehen konnte, und stampfte in den Schnee hinein. Das Gehen war mühsam; ich hatte mich nicht für ein so großes Unternehmen vorbereitet und deshalb kein Wasser mitgebracht. Mein Durst wuchs, und ich begann Schnee zu essen.

Als ich mein Ziel erreicht hatte, begann der Himmel sich zu bewölken. Die Wolkendecke lag ungewöhnlich tief und war angsterregend dunkel; schwere Sturmwolken füllten die Luft mit großen, schönen, bezaubernden Schneeflocken. Die Temperatur fiel, der Wind wurde stärker, und ich sah niemand mehr auf dem See. Bald konnte ich kaum noch etwas vor mir sehen und mußte meine Augen mit der Hand vor dem stechenden Schnee schützen. Ich sah eben noch knapp meine Hand vor den Augen. Ich mußte mich kräftig gegen den Wind stemmen. Ich habe keine Ahnung, wie lange ich mich auf diese Weise vorwärts arbeitete. Mir wurde kalt, und ich zog meine Kapuze über den Hut. Ich zog meine Arme aus den Ärmeln und barg sie in der Jacke. Ich kannte die Gefahren einer Unterkühlung sehr gut.

Ich taumelte weiter im Schneesturm und fiel hin. Zuerst glaubte ich, ich brauchte meine Arme, um das Gleichgewicht zu halten. Dann begriff ich, daß ich nur noch Weiß sah; ich war schneeblind geworden und hatte die Orientierung verloren. Manchmal, wenn ich hinfiel, konnte ich nicht aufstehen. Ich konnte oben und unten nicht mehr unterscheiden. Ich bleibe besser unten und krieche, dachte ich. Manchmal grollte es tief und donnernd unter dem Eis. Ich begann, um Hilfe zu rufen, aber meine Stimme trug nicht im Sturm.

Wenn ich nun im Kreis gegangen war? Ich legte mich bäuchlings aufs Eis, zog die Knie an und krümmte den Rücken und kroch so langsam wie ein Wurm. «Bitte, lieber

Gott, hilf mir den Weg finden.» Verzweiflung packte mich. Ich blieb ausgestreckt im Schnee liegen; Tränen gefroren auf meinen Wangen.

Da erklang laut und klar, wie wenn es direkt vor mir läge, das Nebelhorn der Rettungsstation, die nicht weit von meinem Haus entfernt war. «Paß auf», sagte eine Stimme, «die Wellenbrecher sind offen und tief.» Ich bewegte mich wieder, wie eine Schnecke, über die weiße Buckelfläche. Nach kurzer Zeit hörte ich das Schwappen sanfter Wellen, immer näher. «Paß auf, halte dich rechts, klettere über die Betonwand, wenn du sie erreichst.» Ich hörte diese Dinge und wußte sie gleichzeitig; sie waren vernünftig, logisch und vor allem beruhigend wie der Rat eines Vertrauten.

Bald waren die Wellen ganz nahe, und ich zog einen Handschuh aus, um das Wasser am Eisrand spüren zu können. Ich fand den Rand und begann rechts zu halten, noch immer auf dem Bauch, bis zur Stützmauer. Langsam wurde es dunkel, und als ich aufblickte, sah ich schwach das Licht der Rettungsstation glimmen. Ich ertastete meinen Weg hinauf durch tiefe Schneewehen. Als nächstes spürte ich, wie ich halb hineingezogen und halb hineingetragen wurde. Ein dunkelhaariger Mann mit Bart war da. Er hatte heißen Kaffee.

Er fragte mich, was ich mache, und sagte, er habe zu sehen geglaubt, daß ich oder sonst jemand auf dem See in die Richtung der Rettungsstation laufe. Er hätte gedacht, es könnte eine Hilfe sein, das Nebelhorn zu hören, und es betätigt. «Gerade noch rechtzeitig», antwortete ich. Als ich ihn fragte, wieso er mitten im Winter hier sei, sagte er, er würde Forschungsarbeiten abschließen. Als ich meinen Kaffee getrunken hatte, brach ich auf. Wir verabschiedeten uns, und ich ging nach Hause.

Zu Hause stellte sich heraus, daß ich mehr als sieben Stunden unterwegs gewesen war und alle sich Sorgen gemacht hatten. Mein Zimmergenosse erklärte, die Rettungsstation könne ausgeschlossen geöffnet sein. Ich spürte in meinem Mund noch den Geschmack des Kaffees. «Zufall, nehme ich an.» Sie fanden, ich hätte eine gute Story erzählt; aber mein Aussehen und meine Verfassung ließen sie allerdings vermuten, es sei etwas dran.

Am nächsten Tag marschierte ich bei Tageslicht zur Rettungsstation. Der Sturm hatte sich gelegt. Die Station war rundum verschlosssen und sah so imposant aus wie ein Bunker. Die Tür war fast ganz in einer Schneewächte vergraben; es gab keine Spur, daß jemand hier vorbeigekommen war. Ich grub durch den Schnee bis zur Türe und las eine Tafel «Geschlossen für den Winter». Ich rief das Polizeibüro an, und man sagte mir, niemand habe Zutritt im Winter und niemand sei am Tag vorher dagewesen. Ich rief die Universität an und war nicht überrascht, dasselbe zu hören.

WILLIAM N. LINDEMANN, Tahoma, California

So viele Geschichten. Eine Kellnerin erinnerte sich, wie sie als kleines Mädchen den Fuß in eine Sprungfeder des Betts gesteckt hatte und sich nicht befreien konnte; sie spürte, wie unsichtbare Hände ihren blossen Fuß heraushoben. … Viele sterbende Kinder sehen Engel. «Weine nicht», tröstete ein Junge seine Mutter. «Siehst du meinen Engel am Fenster? Er sagt mir, es ginge zum Angeln.»

Eines Tages kam ein Mann zu mir, um die Kosten gewisser Bauarbeiten an meinem Haus abzuschätzen. Er sah mein eben erschienenes Buch und sagte: «Sie sollten mit meiner Frau sprechen. Sie ist aus Südamerika, und als sie ein kleines Mädchen war, kam ein kleines Lichtwesen, vielleicht 15 cm hoch, und spielte mit ihr und ihrer Schwester; sie hüpften alle auf dem Bett herum. Ihre Mutter hörte sie kichern und sah Licht am unteren Türrand. Sie rief: ‹Was macht ihr da drin?› Aber sie konnte die Tür nicht öffnen, bis das Licht verglommen und das kleine Wesen verschwunden war.»

Die folgende Briefschreiberin sagt besser als viele andere, wie wir einander nur geliehen sind, auf ein paar Monate, ein paar Jahre oder lebenslänglich. Wir können die geliebten Menschen nicht besitzen, nur sie lieben und gehen lassen.

Wie flüchtig sind die Freuden,
die wir lieben!
Sie kommen und gehen wie Schemen.
Aber die, die am schnellsten fliehen,
sind die köstlichsten und stärksten –
wie die Besuche von Engeln,
kurz und hell;
die Sterblichkeit ist zu schwach,
um sie lange zu ertragen.

JOHN NORRIS

Botticini, Tobias mit den drei Erzengeln (Ausschnitt), um 1467.

Ich habe soeben Ihr Buch «Engel» gelesen und wußte, ehe ich ans Ende gelangt war, daß ich Ihnen würde schreiben müssen. Ich hatte früher ein paar «Erfahrungen» mit Engeln, fürchtete mich aber, davon zu sprechen. Ihr Buch gibt mir und wohl unzähligen anderen Menschen Gelegenheit dazu.

Ein Vorfall von allen, die ich erlebt habe, scheint mir der wichtigste. Es ging um meine jüngste Tochter, Taryn. Wir hatten ein Haus auf Hawaii und verbrachten dort den Sommer 1986. Sie war damals vierjährig.

Es regnete viel in diesem Sommer, und die Kinder machten verschiedene Erkältungen durch. Taryn schien mir «nicht gesund» zu sein, und ich brachte sie in das kleine Spital am Inselende. Der Arzt dort war vor kurzem noch am John Hopkins angestellt gewesen, und man hielt ihn für gut. Er untersuchte Taryn gründlich und sagte mir, sie sei gesund. Ein paar Tage später sagte mir eine innere Stimme, sie sei nicht gesund. Ich brachte sie dreimal ins Spital, und jedesmal versicherte mir der Arzt, es sei alles in Ordnung. Schließlich wies mich eine Stimme an, sie ins Spital der anderen Inselseite zu bringen, anderthalb Stunden entfernt. Ich konnte weder meinem Mann noch dem Arzt erklären, warum ich so hartnäckig war.

Im Spital untersuchte sie der Kinderarzt und sagte, es sehe alles gut aus. Ich verlangte Blutuntersuchungen und Röntgenbilder. Während wir auf das Ergebnis der Bluttests warteten, kamen sie, hoben Taryn auf eine Bahre und brachten sie so rasch als möglich in die Intensivstation. In wenigen Minuten lag sie unter einem Sauerstoffzelt. Sie hatte eine Form von Lungenentzündung, die man Mykoplasma nennt und die nur auf Erythromycin reagiert. Ihre Lungen hatte nur noch ein Drittel der normalen Kraft. Man brachte mir ein Feldbett, auf dem ich in ihrem kleinen Privatzimmer schlafen konnte.

Als sie eingeschlafen war, dachte ich, jetzt könnte ich mich gehen lassen, und begann zu weinen. Dann wurde mir klar, daß das nutzlose Verschwendung von Energie war. Ich begann zu beten und nahm dabei das sanfte Surren der Sauerstoffpumpe wahr. Beim Beten wurde mir plötzlich etwas klar.

Dieses kleine Kind, das ich so sehr liebte, war nicht «mein». Es gehörte einem Wesen, das viel höher und stärker war als ich, und wenn Taryn und Gott beschlossen hatten, daß es für sie Zeit war zu gehen, konnte ich nichts tun als dankbar sein für die Jahre, die ich mit unserem kleinen Engel verbracht hatte, und den Segen empfinden, den sie in unser Leben gebracht hatte. Diese Einsicht kam mir mit einem Schwall von Frieden und Liebe, für den ich keine Worte finde. Ich spürte ein Licht im Zimmer. Ich öffnete die Augen und sah ein weißes Leuchten, ähnlich einer Wolke, rund um ihr Bett. Das Licht und das Gefühl der Liebe gaben mir den Eindruck, verzaubert zu sein. Ich bin sicher, daß sie und Gott beschlossen, sie dürfe bleiben, weil ich verstanden hatte. Es war eine überwältigende Erfahrung für mich, und sie veränderte meine Art, meine Kinder und mein Leben zu betrachten.

(Dieses Kind war an Allerheiligen geboren worden. Wir nannten sie Taryn, weil uns der Name gefiel, und zusammen mit unserem Familiennamen bedeutet er «Erdenengel»). Nach diesem Erlebnis zweifle ich nicht daran, daß die Wahl des Namens kein Zufall war.

TEDDY SERAPHINE, Evergreen, Colorado

Ich hatte in Springfield einen Vortrag gehalten und fuhr nun ostwärts nach Hause in Columbus, Ohio. Obschon ich nur eine Stunde würde fahren müssen, schien der Weg mir lang.

Die Wärme der Frühlingssonne genügte, ich fuhr mit heruntergedrehten Scheiben. An jenem Tag hatte ich Lust auf Landschaft und benutzte deswegen nicht die Autobahn. Gewöhnlich stellte ich auf solchen Reisen das Radio ab; so konnte ich beim Fahren Tagespläne machen, über Vergangenheit und Zukunft nachdenken und jeden Meter Landschaft genießen.

Der Tag – was davon übrig war – würde wohl ereignislos verlaufen. Das einzige Ungewöhnliche, das ich bemerkte, war eine große Anzahl von Schmetterlingen. Sie bedeckten die Wiesen mehrere Meilen weit, sanft auf Millionen von Gänseblümchen schaukelnd. Ich nahm an, das erkläre die schwarze Wolke aus Vögeln. Wie konnte ich ahnen, daß sie das Vorspiel zu einer Begegnung waren, an die ich mich mein ganzes Leben erinnern sollte. Die Vögel und Schmetterlinge erhoben sich plötzlich in die Lüfte, außer Sichtweite. Da sah ich, direkt vor mir, einen Autostopper. Einen Mann. Zu meiner Überraschung sah er meinem Vater sehr ähnlich – mein Vater war vor über sieben Jahren gestorben. Ich bremste und blieb am Straßenrand vor ihm stehen; ich richtete meinen Rückspiegel so, daß ich ihn herankommen sehen konnte.

Er kam näher, und ich war erschüttert. Er glich meinem Vater erschreckend; dennoch zog er mich an.

«Dad?» (Ich weiß nicht warum, aber ich sagte das laut.) Er glich meinem Vater tatsächlich haargenau. Er trug khakifarbene Hosen, schwarze Schuhe mit weißen Socken und ein weißes T-Shirt. Er war groß, mager, sonnengebräunt und kräftig. Sein Gesicht war das meines Vaters, sein Haar dick, schwarz und gewellt. Er kam mit langen Schritten auf den Wagen zu, öffnete die Tür und setzte sich neben mich.

Er schaute mich nicht an und sprach auch nicht. Er saß aufrecht da und starrte nach vorn, mit im Schoß gefalteten Händen. Er hatte nichts Bedrohliches an sich. Ich starrte ihn an (ich bin sicher, offenen Mundes). Stellen Sie sich vor, Ihr toter Vater steige in Ihr Auto. War dies ein Geist oder lebhafte Fantasie auf einer einsamen Straße?

Ich startete das Auto und fuhr langsam an. Ich gab ihm meine Hand und stellte mich vor. Er gab mir die seine. Seine Finger waren lang, die Handfläche schwielig, aber warm, sehr warm. Er nannte mir seinen Namen nicht.

«Wie weit fahren Sie?»

«Nicht weit», sagte er ruhig. Es war die Stimme meines Vaters. Gott, wer war das? Ich hatte Angst. Ich war neugierig. Ich war voll Freude. Ich war dumm! Das war doch nicht mein Vater, das war irgendein alter Autostopper. Raff dich zusammen, sagte ich mir immer wieder.

Ich atmete tief ein und aus und fragte: «Wo gehen Sie hin? Gehen Sie zur Arbeit?»

Seine Antwort war direkt: «Nein. Ich besuche meinen Sohn. Er braucht mich.»

«Wo ist er?»

«Nicht weit. Hier.» Er schaute nach vorn, wir drehten den Kopf und unsere Augen trafen sich. Er lächelte. Ich brach beinahe in Tränen aus. Seine Zähne waren die meines Vaters.

Sein Ausdruck war liebevoll. Er wandte sich ab. Ich verspürte ein Kribbeln an der Haut. Mir schien, ich fühle einen eiskalten Luftzug, und erschauerte.

«Wo wollen Sie aussteigen?»

«Hier ist's gerade recht.»

«Hier? Wir sind kaum drei Kilometer gefahren. Wohnt Ihr Sohn hier in der Nähe?»

«Ja, er ist nah.» Sein Ton schien mir herablassend. Ich fuhr an den Straßenrand und stoppte. Ich wollte ihn anflehen, nicht fortzugehen, aber tief im Inneren fragte ich mich, ob das Geschehen Wirklichkeit gewesen war.

Als er ausstieg, fragte ich fast flehentlich: «Wie heißen Sie?» Er schaute mich nicht an. Er stand nahe am Wagen mir gegenüber. Ich konnte nur seine Hüften sehen. Er antwortete nicht auf meine Frage. Er blieb einen Moment stehen und atmete tief aus. Er senkte den Kopf zum Fenster und schenkte mir nochmals ein volles Lächeln.

«Danke.» Er sagte nicht mehr. Er drehte sich um und ging davon. Er drehte sich nicht nochmals um, aber winkte; er wußte, daß ich ihm nachschaute.

Ich saß lange im Auto, ehe ich weiterfuhr. Und beim Fahren hatte ich den starken Wunsch, umzudrehen und ihn zu suchen, ihm zu folgen. Ich hatte den verzweifelten Wunsch, seinen Sohn zu sehen. Ich fuhr an den Straßenrand und parkte aufs neue. Ich stellte schließlich den Rückspiegel so, daß ich mein Gesicht sehen konnte.

«Du wolltest seinen Sohn sehen? Hier!»

Ich weiß nicht, wo er hinging; ich weiß seinen Namen nicht. Oder vielleicht wußte ich das alles.

Ich werde mich stets an den Besuch erinnern.

Darrel Smith, Oklahoma City, Oklahoma

Immer wieder wird gefragt, wie wir die Engel dazu bringen können, uns zu helfen. Geschichte um Geschichte zeigt es: Wir sollen um die Hilfe bitten.

Aber ebenso merkwürdig ist, daß auch dann Hilfe kommt, wenn wir nicht einmal wissen, daß wir in Gefahr sind. Unsichtbare Hände halten uns zurück, oder wir hören die Warnung: «Beweg dich nicht.»

Einmal fragte ich meinen Lehrer, wie man bete. Er antwortete mit einer Geschichte.

Es war einmal ein Hund, der von einem Rudel verwilderter Hunde angegriffen wurde. Sie knurrten, bissen, rissen an dem armen Tier, um es zu töten. Es gelang ihm zu entkommen, und er hinkte blutend nach Hause; ein Bein war gebrochen. An der Tür stand sein Herr.

Was konnte der Hund tun? Er konnte nicht sprechen. Er fiel zu den Füssen seines Herrn, sein Schwanz wedelte im Staub, und er schaute den Herrn an. Und was tat der? Er hob den Hund auf, trug ihn ins Haus, wusch und verband seine Wunden, brachte ihn zum Tierarzt, gab ihm Nahrung und Wasser und ein Bett, worauf er schlafen konnte. Jeden Tag erneuerte der Herr den Verband, und der Hund genas.

Der Hund sprach keine Bitte aus, sagte mein Lehrer, und so sollten wir beten. Wir sollen uns einfach hingeben. Denn wenn wir um ein Hemd bitten, bekommen wir ein Hemd, und wenn wir ein Paar Hosen erbitten, bekommen wir ein Paar Hosen. Aber wenn wir einfach unsere verwirrten Herzen öffnen, bekommen wir alles, was wir brauchen, und mehr. Immerhin, es scheint, Bitten schadet nichts.

Memling, Musizierende Engel (Ausschnitt eines Triptychons), um 1490.

Sie kommen noch immer durch den
aufgebrochenen Himmel,
die friedlichen Schwingen ausgebreitet,
und ihre himmlische Musik schwebt
über der ganzen müden Welt;
über ihre traurigen, geringen Ebenen
beugen sie sich schwebend,
und über ihren babylonischen Wunden
singen die gesegneten Engel.

WILLIAM SHAKESPEARE

Ich war angenehm überrascht, als mir eine liebe Freundin zu meinem Geburtstag das Buch «Engel» schenkte. Als ich es las, fand ich, ich hätte ähnliche Erlebnisse mit Engeln gehabt.

Ich war etwa zwölf und wohnte mit meinen Eltern und einem Bruder zusammen in Pittsburgh, Pennsylvania, als mein Vater seine Arbeit bei den J&L Steel Works verlor. Seine Firma hatte seine Stelle einem Gewerkschaftsmitglied gegeben, und mein Vater, der sich ganz mit seiner Aufgabe identifiziert hatte, fühlte sich verraten. Eine Ewigkeit, schien uns, war er arbeitslos. Er versuchte eine Stelle zu finden, doch er bekam nur Teilzeitarbeit, die nicht genügte, um das Essen auf den Tisch zu bringen. Die Rechnungen stapelten sich, und meine Mutter wurde sehr nervös. Es war eine traurige Zeit für eine normalerweise fröhliche Familie.

Mein Schulweg war etwa anderthalb Kilometer lang und führte an der Kirche vorbei, in der ich zur Sonntagsschule und auch zum Sonntagsgottesdienst ging. Eines Tages, als ich von der Schule heimging, fühlte ich mich besonders beschwert von der Lage unserer Familie und den Schwierigkeiten meines Vaters. Als ich zur Kirche kam, beschloß ich, hineinzugehen und für meinen Vater um Hilfe zu beten. Ich kam zum Hauptportal, fand es unverschlossen und trat in das stille, leere Kirchenschiff. Als ich den Mittelgang hinaufging, überkam mich ein seltsames Gefühl, als wäre ich betrunken und hätte alle meine Probleme vergessen. Ich betete, und ich wußte, ich würde erhört werden. In heller Freude ging ich heim, und als mir meine Mutter sagte, Vater habe am gleichen Tag Arbeit gefunden, beschloß ich, nicht über mein Erlebnis zu sprechen. Heute erzähle ich es zum erstenmal. Als Kind fürchtete ich, daß, wenn ich davon spräche, mein Vater die Stelle, die ihm die Engel gegeben hatten, wieder verlöre. Übrigens hielt mich Wochen später unser Pfarrer auf und sagte mir, er habe mich in der Kirche beten sehen. Er fragte, ob er mir helfen könne. Ich sagte ihm, meine Gebete seien schon erhört worden. Da wollte er wissen, wie ich in die Kirche hineingekommen sei. Alle Türen seien nämlich verschlossen gewesen.

Vierzig Jahre sind seither vergangen. Ich wurde Kunstlehrer, heiratete und habe zwei prächtige Söhne.

Mein zweites Erlebnis mit Engeln fand um elf Uhr nachts statt; ich war allein in der Küche: Mein Sohn Dean hatte mich tagsüber angerufen und gebeten, einigen möglichen Arbeitgebern Bewerbungen zu schicken. Er war für eine staatliche Gesellschaft schwere Lastwagen gefahren und mochte seine Arbeit nicht mehr. Ihm fehlten das Zuhause und seine Freundin; er wollte lieber in der Nähe Arbeit finden – ein schwieriges Unterfangen, denn unsere Gegend leidet an hoher Arbeitslosigkeit. Ich verschickte zwei Briefe gemäß seinem Wunsch, aber die dritte Adresse fand ich nicht. Ich konsultierte das Branchenregister, das sich auf der Seite «Baubedarf» öffnete. Plötzlich überkam mich warm dasselbe Gefühl wie vor vierzig Jahren. Der Name eines hiesigen Bauartikel-Lieferanten stach hervor. Ich war so sicher, daß diese Firma meinen Sohn anstellen würde, daß ich in seinem Namen eine Bewerbung schickte. Ein paar Wochen später kündigte Dean seiner Firma. Ich erzählte ihm, was ich gemacht hatte, und er meinte, diese Firma habe keine offenen Stellen. Aber mich ermutigte immer noch mein Gefühl, und am Sonntag betete ich in der Kirche dafür, daß Dean eine Anstellung fände. Am Montagmorgen klingelte das Telefon, und Dean wurde zu einer Besprechung geladen. Am nächsten Tag hatte er die Stelle. Am Tag, als mein Brief dort angekommen war, hatte ein Mitarbeiter gekündigt, und sie brauchten sofort jemanden.

Vielleicht betreiben die Engel eine Arbeitsvermittlung. Ich kann mir diese Vorgänge nicht erklären, aber ich glaube verstanden zu haben, daß ich sie nie erklären muß, denn sie bringen Frieden und geschehen in Liebe. Wenn ich daran denke, erscheinen sie mir natürlich und warm. Deshalb schreibe ich Ihnen, denn als ich Ihr Buch las, spürte ich wieder diese Gefühle, und als ich Ihnen zu schreiben beschloß, kamen sie nochmals.

Mit freundlichen Grüßen

DEAN MARSHALL, Harmony, Philadelphia

Am 20. September 1990 ging meine dreijährige Tochter hinaus, um zu spielen. Ich beobachtete sie durch die Glastüre; sie öffnete die Hintertür, drehte sich um, um sie zu schließen, und kauerte fast sofort am Boden. Ich wandte mich ab, und nach wenigen Augenblicken hörte ich ein Krachen. Ein riesiger Ast war von der größten Ulme zu Boden gestürzt, direkt neben meiner kleinen Tochter.

Später fragte ich meine Tochter, warum sie nicht weiter draußen mit ihrem kleinen, roten, batteriebetriebenen Jeep gespielt hatte. Sie sagte ohne Zögern: «Mami, ein guter Gott sagte mir, ich solle mich setzen und nicht unter den Baum gehen, und ich tat genau, was sie mir sagte.» Dieser «gute Gott» war ein schönes Mädchen mit langem, goldenem Haar, das ihm über die Schultern floß. Sie kam vom Himmel und hatte Flügel. Sie war von so strahlendem Licht umgeben, sagte meine Tochter, daß ihre Augen schmerzten, aber als sie das Licht berührte, war sie von seiner Kühle überrascht; es brannte nicht. Der Engel trug bestimmte Schmuckstücke, besonders ein «so glänzendes» Halsband. Sie trug, sagte meine Tochter, «alle Farben».

Gewisse Veränderungen ergaben sich im Verhalten meiner Tochter seit dem Vorfall. Am auffallendsten ist ihre heitere Ruhe. Sie betet für ihren Engel und besteht darauf, daß wir vor jeder Mahlzeit ein Tischgebet sprechen, was in unserer Familie vorher nicht üblich gewesen ist. Sie hat zahlreiche Bilder von «Rebecca Rose» gezeichnet, fast täglich seit dem Ereignis, und wünscht sich als Gutenachtgeschichten solche aus der Bibel.

Mehrere Monate sind seither vergangen. Sie sagt, sie kann «Rebecca Rose» nicht mehr sehen, es ist ihr nicht erlaubt. Aber man habe ihr gesagt, sie sehe sie wieder in zehn Jahren.

Name auf Wunsch nicht genannt
Las Vegas, Nevada

Es ist rechtschaffen, an Gott zu glauben
und an den Jüngsten Tag und an
die Engel und an das Buch und an die
Überbringer der Botschaft.

KORAN

Ich bin jetzt sechsundsiebzig Jahre alt und kann der Versuchung nicht widerstehen, Ihnen von einem Erlebnis zu erzählen, das ich einmal hatte.

Vor Jahren, als ich an der Smithsonian Institution arbeitete, war ich während der Mittagszeit auf dem Weg ins Büro. Ich kam die zehnte Straße herunter bis zur Kreuzung mit E und wartete dort, daß die Ampel grün würde. Plötzlich legte sich eine feste Hand auf meine rechte Schulter und zog mich so kräftig und schnell zurück, daß ich beinahe hinfiel. Im selben Augenblick kam ein städtischer Bus aus der zehnten Straße und bog so scharf in E ein, daß er über den Gehsteig fuhr, direkt über die Stelle, an der ich gestanden hatte. Ich wandte mich um, um meinem Retter zu danken, aber da war niemand. Niemand stand in meiner Nähe; nur ich allein hatte auf das Grün der Ampel gewartet. Ich schaute überwältigt mehrere Minuten umher. Dann ging ich langsam zur Arbeit. Ich wußte, kein normaler Mensch hatte mir geholfen. Den Rest des Tages war ich wohl in einem Schockzustand.

BETHUNE M. GIBSON, Sedona, Arizona

Und nun die Geschichte eines Jungen, der den Schutzengel und Gespielen seiner Schwester sah. Was wir nicht wissen, ist, ob sie, Linda, ihn gewahrte oder nicht.

•

Mein erstes Erlebnis mit einem Engel geschah, als ich zwölf war, vor langer Zeit, 1973. Meine Schwester Linda kam eines Nachmittags aus der Schule zurück, und ich schaute durch den «Spion» unserer Wohnungstür, weil ich sehen wollte, wie sie aus dem Aufzug stieg. Als Linda aus dem Aufzug kam, sah ich ein blondes Mädchen, einen Teenager, gekleidet in derselben Schuluniform wie Linda. Das blonde Mädchen ging sehr nah hinter Linda. Ich machte mir keine Gedanken, denn Linda besuchte eine Mädchenschule und kam stets mit irgendeiner Freundin heim. Ich beeilte mich, die Tür zu öffnen, aber da stand nur Linda. Ich fragte sie nach ihrer blonden Freundin, und sie erklärte, sie sei ganz allein gekommen. Nun ja, ich kam zum Schluß, daß ich eben einen Engel gesehen hätte.

Jahre vorher hatten meine zwei anderen Schwestern, Carmen und Cookie, ein kleines blondes Mädchen erblickt, das eines Nachts neben Linda schlief. Sie wagten nicht, die Kleine zu stören. Sie wußten, daß sie ein Engel war, aber etwas in ihnen bat sie, sie nicht anzufassen. Sie schliefen wieder ein, und am Morgen war der Engel weg.

JOEY ROMÁN, Tarzana, California

Es war ein kalter, nasser, trüber Februar-Nachmittag im Jahr 1938. Ich war sechzehn Jahre alt und hatte seit mehr als vier Monaten ein Leben «unterwegs» geführt. Das war hart in jenen Jahren der Krise, und ich strebte nach Hause. Ich stand im Güterbahnhof in Hayti, Missouri, unter einer Laderampe und wartete darauf, daß der Frachtzug, der noch Wasser und Kohle lud, sich in Bewegung setzte. Man klettert nicht in einen Güterwagen, solange er im Bahnhof steht, denn die Bahnpolizei haut einen mit einem Knüttel auf den Kopf und holt einen herunter.

Der Zug fuhr an. Zwei große Lokomotiven zogen ihn, was bedeutete, daß er rasch beschleunigen würde und daß es ein langer Zug war.

Ich wartete, bis ich einen Güterwagen mit offener Tür sah, und rannte los, um hineinzuspringen. Der Wagenboden war ziemlich hoch über dem Terrain. Als ich sprang, kam ich nur zur Hälfte hinein; die untere Hälfte meiner Beine hing aus der Tür, und die obere Hälfte meines Körpers lag flach auf dem Boden des Güterwagens. Ich konnte mich nicht hineinziehen, denn ich konnte mich nirgendwo festhalten. Der Zug beschleunigte sehr rasch, als ich so dalag und versuchte, mit auf dem Boden ausgestreckten Armen hineinzukriechen. Ich wußte, wenn ich fiel, bedeutete es den sicheren Tod unter den Rädern des Güterzugs. Ich vergesse diesen Augenblick nie. Ich dachte, es sei aus mit mir.

Ich erinnere mich, wie ich mich auf dem Boden wand und sagte: «O Gott, bitte laß mich nicht hier sterben.» Ich hob den

Kopf und sah einen sehr großen schwarzen Mann, etwa dreißig Jahre alt, dastehen und mich anschauen. Er sagte nichts zu mir und ich sagte nichts zu ihm. Er bückte sich zu mir hinunter, packte mich an den Armen und zog mich in den Güterwagen. Ich lag dort etwa eine halbe Minute mit dem Gesicht nach unten und versuchte, Atem und Kraft zu schöpfen. Als ich aufstand, um dem Mann zu danken, war er nirgends zu sehen. Der Güterwagen war leer, die andere Tür verschlossen, und der Zug fuhr zu schnell, als daß jemand hätte abspringen und das überleben können. Im Wagen war niemand als ich. Der schwarze Mann war verschwunden.

Falls jedermann seinen eigenen, persönlichen Schutzengel hat, dann ist meiner ein großer, starker schwarzer Mann, etwa dreißig Jahre alt, der mich vom sicheren Tod unter den Rädern eines Güterzugs rettete und nicht auf Dank wartete.

CHARLES A. GALLOWAY JR., Jackson, Mississippi

Ich wuchs mit der folgenden Geschichte meiner Mutter auf. Meine Mutter hatte sie so oft und so lebendig erzählt, daß ich mir die beiden Besuche des geheimnisvollen Fremden so klar vorstellen konnte, als wäre ich dabei gewesen.

An einem kalten, kristallklaren Weihnachtsmorgen im Jahr 1911 (dem zweiten Geburtstag meines Bruders) klopfte es an die Tür. Meine Mutter öffnete und sah auf dem obersten Tritt der Veranda einen anziehenden, gutgekleideten Mann und ein hübsches kleines Mädchen stehen. Neben dem Kind befand sich ein großer, weisser Hund.

Der Fremde grüßte meine Mutter, wünschte ihr frohe Weihnachten und fragte nach dem Befinden meines Bruders. Meine Mutter erklärte ihm, meinem Bruder sei es ausgezeichnet gegangen, aber an diesem Morgen sei er mit leichtem Fieber erwacht.

«Ich weiß», sagte der Mann, «aber es geht ihm bald wieder besser.»

An dieser Stelle der Geschichte fragten wir Kinder stets: «Warum hast du ihn nicht nach seinem Namen gefragt?» Mutter antwortete stets geduldig: «Ich habe ihn danach gefragt, und ich bat ihn inständig, aus der Kälte hereinzukommen, aber er lächelte nur und schüttelte den Kopf.»

Obschon der Mann Mutter geraten hatte, die Tür zu schließen, damit die Kälte nicht hereinkomme, wartete sie, um zu sehen, in welche Richtung die drei gehen würden, in der Hoffnung, daraus schließen zu können, wer sie waren. Eben als die drei auf der letzten Stufe standen, rief mein Vater aus der Küche. Meine Mutter wandte sich um, um ihm zu antworten, und als sie wieder auf die Straße blickte, war sie leer, ohne eine Spur des Mannes, des kleinen Mädchens und des Hundes.

Natürlich war der Besuch des geheimnisvollen Fremden monatelang Gesprächsstoff unserer Familie und Freunde, aber niemand konnte erraten, wer das gewesen war.

Der Vorfall war fast vergessen, als der Fremde im April 1914 wieder auftauchte. Wie drei Jahre zuvor stand er auf dem obersten Tritt der Verandatreppe, als meine Mutter die Tür öffnete. Wie zuvor wollte er nicht hereinkommen noch seinen Namen nennen.

«Es tut mir leid, daß Ihr Mann seine Stelle verloren hat», sagte er, «aber er wird bald wieder arbeiten.»

Dieses Mal wandte sich der Mann den Wäldern hinter dem Haus zu. Meine Mutter eilte ihm nach, aber als sie hinter dem Haus ankam, war es dort so ruhig und heiter wie immer, ohne eine Spur von irgend jemand, nur die hohen Bäume schwankten im Aprilwind.

Er hat sich im Haus geirrt, dachte Mutter, als sie in die Küche zurückging. Sie dankte Gott, daß es nicht ihr Mann war, der arbeitslos war. Als mein Vater abends heimkam, erzählte er ihr, er sei entlassen worden! Und als meine Mutter an diesem Abend die Taschen ihrer Schürze leerte, um sie zu waschen, fand sie in der rechten Tasche eine Zwanzig-Dollar-Note.

Worum war es da gegangen? Warum kam der Mann zweimal im Abstand von fast drei Jahren? Wer war er? Woher wußte er soviel über unsere Familie?

Ich wollte, ich könnte sagen, daß das Leben meiner Mutter leichter wurde nach seinen Besuchen. Das war nicht der

Fall. Ich glaube, das Gute an diesen beiden Besuchen war, daß der Mann ein Symbol der Hoffnung wurde. Wann immer das Geld bei uns knapp wurde und die Dinge verzweifelt aussahen, sagten wir zueinander: «Vielleicht kommt der Mann.» Meistens kam er – in irgendeiner Form.

MARIE GRANT, Jamesburg, New Jersey

Erinnert euch, ihr flehtet euren Herrn
um Hilfe an, und er antwortete
euch: «Ich werde euch helfen mit tausend
Engeln, Reihen um Reihen.»

KORAN

Joey Román sah den Schutzengel seiner Schwester, und im folgenden wird berichtet, wie zwei Erwachsene im Spital einen Engel sahen, der ihnen voll Mitgefühl half, den Tod zu akzeptieren.

Vielleicht ist das, was wir verstehen sollten, daß es keinen Tod gibt und wir nicht sterben. Viele, viele Leute haben mir geschrieben, daß sie einen geliebten Menschen nach seinem Tod sahen oder dessen Gegenwart spürten, oder von den Toten aus dem Jenseits besucht wurden.

Weiter hinten lesen wir von einem neunjährigen Jungen, der an seinem Spitalbett einen Engel (aber war es einer?) sitzen sah, der weinte, «als ob ihm das Herz bräche».

Was sollen wir von alledem halten?

Ich war vor kurzem in der Buchhandlung, und Ihr Buch «Engel» sprang mir vom Gestell entgegen, also kaufte ich es natürlich. Bei allem, was mir in meinem Leben zugestoßen ist, braucht kein Haus mehr auf mich zu fallen, bis ich begreife. Das Gute daran ist, daß ich lerne, auf die göttliche Gegenwart zu hören, die in uns allen wohnt. Eine Erleichterung!

Wenn ich jetzt, mit siebenunddreißig Jahren, auf mein Leben zurückblicke, haben viele wunderbare spirituelle Wesen und Lektionen meinen Weg gekreuzt, auch wenn sie manchmal tragisch aussahen. Nun ja, ich trage ein paar Narben in meinem Gefühl, aber im großen ganzen glaube ich, mich ziemlich gut zu halten. Wenigstens bin ich jetzt auf dem rechten Weg, und mein Herz und meine Augen sind offen.

Ich habe mehr, als mir zukommt, an Geistern, unsichtbaren Liebkosungen, Stimmen der Ermutigung und der Liebe erlebt, von denen ich Ihnen vielleicht ein andermal erzähle. Aber heute möchte ich von einem bestimmten Engel berichten, den ich kennenlernte.

1981 erkrankte mein achtundzwanzigjähriger Mann; die Diagnose lautete akute lymphatische Leukämie. Chris (mein Mann) und ich lebten damals in Nashville, Tennessee. Die Ärzte sagten uns, daß er nur mit einer Knochenmark-Transplantation überleben könne. Er solle sich in Houstons Krebsspital, M. D. Anderson, behandeln lassen.

Das Leben in einem Krebsspital allein ergäbe schon eine Geschichte, aber lassen wir das. Sie brauchen nur zu wissen, daß wir ein Jahr lang dort waren – und ja, es war ein Alptraum. Tod und Trauer rundherum.

Warum ich schreibe: am 4. Januar 1982 wurde ich um drei Uhr morgens von einer Krankenschwester geweckt. Sie sagte, Chris werde vermißt! Ja, vermißt. Hier muß ich zweierlei erklären. Erstens ist das Schwesternzimmer eine Insel in einem kreisrunden Stockwerk, umgeben also von Krankenzimmern. Zum Aufzug zu gelangen, ohne gesehen zu werden, war nicht leicht, besonders nicht befrachtet mit Infusionsgeräten. Und zweitens hatte die letzte Dosis Chemotherapie Chris so geschwächt, daß er nicht ohne Hilfe gehen konnte.

Auch hatte ich zum erstenmal in diesem Jahr aus unbekannten Gründen so fest geschlafen, als wäre ich im Koma. Vor dieser Nacht stand ich an seinem Bett, wenn nur eine Nadel auf den Boden gefallen war. Ich war auf seine Bedürfnisse abgestimmt, ob wach oder schlafend. Mein Feldbett stand höchstens 20 cm von seinem Bett entfernt.

Die Schwestern waren bestürzt. Ich sprang auf und rannte den Gang hinunter. Wir waren auf dem elften Stock in der Intensivstation für verschiedene Arten von Blutkrebs, vor allem Leukämie. Als ich zu den Aufzügen eilte (die übrigens nach neun Uhr abends von Sicherheitsbeamten überwacht wurden; man brauchte sogar eine Zulassungskarte, um das Spital nur betreten zu dürfen), da sah ich aus dem Augenwinkel eine Bewegung hinter der Glasscheibe der Kapelle. Ich öffnete die Tür und schaute hinein – da saß Chris mit dem Rücken zu mir, und ein Mann saß bei ihm.

Zuerst war ich wütend, weil ich große Angst gehabt hatte, und dann hatte ich Angst, denn wer war dieser Mann? Ich hatte ihn noch nie gesehen. Wo kam er her um drei Uhr morgens? Als ich den sehr kleinen Raum betrat, senkte er die Augen; mir schien, er wolle nicht, daß ich sein Gesicht sehe. Ich war mißtrauisch. Ich sprach mit Chris, versuchte dabei aber, den Mann genauer zu sehen. «Chris», sagte ich, «wo bist du gewesen?»

Der Mann trug ein rotkariertes Arbeiterhemd, Jeans und nigelnagelneue Arbeiter-Schnürstiefel. Sein weißes Haar war kurz geschnitten; er schien durchsichtig. Nur einmal trafen sich unsere Augen; seine waren eisblau. Ich konnte meine Augen nicht von ihm abwenden. Ich beobachtete ihn unentwegt, einmal, weil er mit Chris zusammensaß und Chris lächelte und lachte und so stark erschien, und auch, weil ich sicher sein wollte, daß er ungefährlich war. Dann sagte Chris: «Melissa, es ist alles in Ordnung. Ich bin bald wieder in unserem Zimmer.»

«Was geht hier vor?» fragte ich.

«Bitte, Melissa, ich bin bald zurück.»

Ich schaute sein Gesicht an und sah, daß es ihm gut ging. Und mir war auch klar, das er wirklich wünschte, daß ich wegging.

Ich ging zu den Schwestern zurück und sagte ihnen, ich hätte Chris in der Kapelle gefunden. Sie waren sehr erleichtert. Ich wartete ungefähr eine halbe Stunde. Als Chris zurückkam, war er glücklich und voller Energie. Er ließ meine Fragen über sich ergehen und sagte schließlich, immer noch lachend: «Melissa, er war ein Engel.» Er war so glücklich. Ich schaute ihm in die Augen und sagte: «Ich glaube dir.» Und das stimmte.

Offenbar war Chris gerufen worden. Ich war in tiefen Schlaf versetzt worden, und die Schwestern sahen ihn aus irgendeinem Grund nicht, als er vorbeiging.

Chris sagte mir, er sei aus dem Schlaf gerissen und vom Wunsch überwältigt worden, in die Kapelle zu gehen. Er kniete dort betend, als eine Stimme ihn fragte, ob er Chris Deal sei, was er bejahte. Er hörte nicht, wie der Mann den Raum betrat, aber als er sich umdrehte, war er da. Sie saßen einander gegenüber; fast berührten sich ihre Knie. Der Mann fragte ihn, ob er für irgendetwas Verzeihung brauche. Chris erzählte ihm von seinem Haß gegen den Stiefvater. Der junge Mann sagte Chris, das sei ihm vergeben. Chris sagte dem Mann, er sorge sich um mich, und der Mann versicherte ihm, mir würde es gut gehen. Dann fragte ihn der Mann, ob er mit ihm einen Rosenkranz beten wolle (er wußte offenbar, daß Chris Katholik war). Sie knieten beide am Altar und beteten den Rosenkranz, und als sie fertig waren, sagte der Mann, Chris solle sich keine Sorgen machen; alle seine Gebete seien erhört worden.

Darauf ging ich schnell wieder in die Kapelle, aber der Mann war nicht mehr da. Ich fuhr mit dem Aufzug hinunter und fragte den Sicherheitsbeamten nach dem Mann, den ich beschrieb. Aber er sagte, der Mann sei nicht bei ihm vorbeigekommen. Ich fand, er könne ja auch in einem anderen Stockwerk ausgestiegen sein, aber Chris lachte mich aus, als ich das erwähnte.

Am Tag darauf war Chris glücklicher und kräftiger, als ich ihn seit Monaten gesehen hatte. Irgendwie hatte ihn die Bedrückung, an einer tödlichen Krankheit zu leiden, verlassen.

Am 6. Januar erwachte ich und sah, daß Chris im Bett lag und mein Gesicht anstarrte.

«Was hast du?» fragte ich.

«Ich träumte letzte Nacht von Bill B.» Bill war meines Mannes bester Freund gewesen; er war vor einem Jahr an einem Autounfall gestorben. Ich hatte Chris einmal gesagt, wenn er je von Bill träume, wolle ich das wissen. Ich wußte, ich brauchte mir keine Sorgen zu machen, solange Chris nicht von Bill träumte.

«Ja, und der Engel?» fragte ich.

«Du sagtest mir, ich solle es dir sagen, wenn ich je von Bill träume», sagte er. Ich hatte ihm nie gesagt, wieso, aber sein Gesicht verriet mir, daß er es wußte.

An diesem Nachmittag hatte Chris eine Lungenblutung und starb, meinen Namen rufend.

Nach sechs Jahren heiratete ich wieder und zog nach Atlanta. Ich bin sehr glücklich. Selbstverständlich sind meine Erinnerungen stets bei mir.

MELISSA DEAL FORTH, Atlanta, Georgia

Zillis, St. Martinskirche.

Willst du Gott lieben, wie er dich liebt
dann, meine Seele,
öffne dich der heilvollen Sicht,
wie Gott, der Geist,
im Himmel von Engeln bedient,
in deinem Herzen seinen Tempel errichtet.

JOHN DONNE

Vor sechzehn Jahren fuhr ich allein von der Beerdigung meines Onkels nach Hause. Dieser Onkel hatte, als ich ein kleines Mädchen war, mitgeholfen, mich großzuziehen, weil meine Mutter eine Zeitlang dazu nicht imstande war. Er war stets ein ehrlicher, arbeitsamer und verantwortungsbewußter Mensch gewesen, und äußerst selbständig. Unter seiner kerzengeraden, skandinavischen Ernsthaftigkeit hatte er ein Herz aus Gold getragen. Sein ganzes Leben hatte er streng gearbeitet, bis er eines Tages einen Schlaganfall hatte.

Eine Weile versuchte meine Tante, ihn daheim zu pflegen, aber ihre Gesundheit ließ nach, und er kam in ein Heim für Pflegefälle. Dieser wildentschlossene unabhängige Mann war nun völlig von Fremden abhängig. Jeder Tag der nächsten zehn Jahre mußte für ihn eine Hölle gewesen sein.

Auf dem Heimweg verfuhr ich mich irgendwie. Ich kam auf eine wunderschöne, ländliche Straße, die sich durch die Weinberge wand, welche mein Onkel so sehr geliebt hatte. Ich fing an, während des Fahrens mit ihm zu reden. Ich verglich ihn mit einem Schmetterling, der endlich frei fliegen konnte, und ich sagte ihm, daß ich ihn liebe.

Kaum war mir das Schmetterlingsbild in den Sinn gekommen, als Dutzende davon vor dem Wagen flatterten. Sie blieben ein wenig beim Wagen, und dann waren sie verschwunden.

Ich hatte das Gefühl, mein Onkel habe einen Weg gefunden, mich zu erreichen und mir mitzuteilen, daß er endlich glücklich war.

ELISE SMITH, Freestone, California

Vor kurzem las ich Ihr Buch «Engel» und hatte große Freude daran. Ich fand, ich sollte Ihnen schreiben und von einem Erlebnis erzählen, das ich in jungen Jahren hatte.

Eines Abends im Jahr 1974, als ich neunjährig war, wollten meine Mutter und ich ins Kino gehen. Wir nahmen unseren VW-Käfer und fuhren auf die Stadt zu, als uns ein sechzehnjähriger Bursche frontal rammte. Unser Auto war kaputt; ich wurde durch die Windschutzscheibe geschleudert, brach beide Arme, zerschnitt mein Gesicht und zog mir eine Gehirnerschütterung zu. Meine Mutter starb.

Ich erinnere mich nicht an den Unfall. Das letzte, was ich noch weiß, ist, daß ich die Zeitung anschaute und meiner Mutter sagte, der Film beginne um halb acht.

Das nächste, woran ich mich erinnere, war, wie ich im Erholungsraum des Spitals aufwachte. Ich fühlte mich dumpf und schwindlig, wohl als Folge der Totalnarkose. Links von meinem Bett saß jemand – ein junger, vielleicht achtzehnjähriger Mann mit glänzend blondem Haar. Er war ganz in Weiß gekleidet, hielt den Kopf in den Händen und weinte herzzerbrechend. Am Fuß meines Bettes saßen mein Vater und mein älterer Bruder. Ich weiß noch, daß ich zuerst die Person neben meinem Kopf sah und dann meinen Vater anschaute. «Wo ist Mama?» fragte ich.

«Sie ist im Himmel», antwortete mein Vater.

Was das bedeutete, wurde mir erst später klar, als mein Vater und mein Bruder gegangen waren. Ich wollte auf die

Toilette gehen und hatte wahrscheinlich noch nicht ganz mitbekommen, daß ich im Spital war und nach einer Schwester hätte klingeln sollen; ich stand also auf. Ich war sehr überrascht, daß ich mich kaum auf den Beinen halten konnte, und fiel fast in Ohnmacht, als ich mein Gesicht im Spiegel sah. Neben meinem linken Mundwinkel sah es aus wie roher Hamburger, und mein linkes Auge war fast ganz zugeschwollen. (Ich erfuhr später, daß ich das Auge verloren hätte, wenn mich das Glas der Windschutzscheibe einen halben Zentimeter näher bei der Nase getroffen hätte.)

Ich erinnere mich, daß ich plötzlich überzeugt war, das alles sei nur ein böser Traum, und ich taumelte in den Gang hinaus und versuchte aufzuwachen. Wie zu erwarten, wurde ich dann hysterisch, und eine gütige Schwester begleitete mich zu meinem Bett zurück.

Erst viele Jahre später dämmerte es mir, daß ich keine Ahnung hatte, wer an meinem Bett geweint hatte. Zuerst dachte ich, er sei – weiß gekleidet – wohl ein Krankenpfleger gewesen. Aber männliche Krankenpfleger gab es damals nur wenige. Und überdies waren Schwestern und Pfleger doch sicher Tragödien gewohnt und würden nicht am Bett einer völlig Fremden weinen.

Niemand von meiner engen Familie und von unseren Freunden war blond. Und ich hatte vorher noch nie eine so schöne, glänzende blonde Haarfarbe gesehen. Obschon ich noch nicht ganz bei Sinnen war, konnte ich sehen, wie hell sein Haar leuchtete.

Und warum trug er weiß, wenn er nicht ein Pfleger war? Später schien mir, er habe einen Smoking getragen. Aber ob er Flügel hatte, weiß ich nicht.

Merkwürdigerweise hatte ich mir, als all dies passierte, keine Gedanken darüber gemacht. Ich akzeptierte ihn und dachte nicht daran, jemand zu fragen: «Wer war das?» Vermutlich sollte ich meinen Vater oder meinen Bruder fragen, aber ich weiß nicht, ob sie sich daran erinnern, und eigentlich habe ich Angst zu fragen. Ich weiß nicht, ob sie ihn sahen, aber ich sah ihn so deutlich wie sie.

Seltsam ist auch, daß man mir wiederholt gesagt hat, ich wäre nach dem Unfall beinahe gestorben. Aber meine Verletzungen waren doch gar nicht so schwer gewesen. Gewiß, die Hirnerschütterung hätte zu etwas Schlimmerem führen können, und ich verlor um ein Haar das linke Auge, aber ich hatte in beiden Punkten Glück. Ich weiß, daß Mutter und ich am 2. Juli ins Kino gehen wollten und daß ich am 4. Juli aufwachte. Ich habe nie klaren Bescheid bekommen können, warum und wie ich beinahe gestorben wäre oder warum mir ein Tag verlorengegangen war.

Ich bin mehr oder weniger zum Schluß gekommen, daß es ein Engel gewesen sein muß, der an meinem Bett saß. Vielleicht gab er mir etwas oder nahm etwas von mir, damit ich leben konnte. Vielleicht hatte meine Mutter gemäß einem höheren Plan sterben müssen, damit anderes geschehen konnte. Ich werde es nie sicher wissen.

Ich wollte, diese Geschichte hätte ein schlüssigeres Ende oder der Engel wäre mir auf dramatischere oder positivere Weise erschienen. Ich werde stets Narben im Gesicht und eine Leere im Herzen haben, aber wenigstens war jemand genügend um mich besorgt, um ein paar Minuten an meinem Bett zu sitzen.

CORKY VISMINAS, Columbus, Ohio

Vor kurzem war ich in Verzweiflung und wußte nicht, wie es weiter gehen solle. Ich betete um Gewißheit, was ich tun sollte. Ein paar Stunden später nahm ich an einer Zusammenkunft teil (fühlte mich aber immer noch schlecht). Da hörte ich leise durch die Wand eine wunderbar klare Stimme singen – im Radio, dachte ich. Die Stimme war so schön, daß ich den Atem anhielt, um sie besser zu hören. Sie sang drei reine, absteigende Töne, hielt dann inne, wiederholte die drei Töne und schwieg wieder. Niemand anders beachtete sie, aber mein Herz wurde von diesen drei Tönen durchbohrt.

Die Stimme schwieg jetzt. Offenbar kam sie nicht von einem Radio.

Den ganzen Tag blieben mir diese drei Töne im Ohr. Ich versuchte andauernd, die Melodie zu finden, zu der sie gehörten. Plötzlich wußte ich, daß sie zu einem Gesang gehörten, der in der National Cathedral gesungen wurde: «Ah … ah … ah … Adoramus te, Domine» (Wir beten dich an, o Herr). Mein Herz wurde leicht.

Es war die Antwort auf mein Gebet. Wenn ich vertraute, würde sich mein Schmerz lindern. Ich kann diese Stimme nicht vergessen.

Mehrere Leute schrieben mir, sie hätten eine Stimme gehört; manchmal sagt sie, was zu tun sei. Manchmal verkündet sie, was geschehen wird, als ob unser Schicksal vorbestimmt wäre. In anderen Fällen singt sie einfach. Aber wie schön! In der nächsten Geschichte hört ein schwer krankes Kind Choräle, und am Ende, Jahre später, geschieht ein Wunder.

Ich kaufte vor kurzem Ihr Buch und fühle einen überwältigenden Drang, Ihnen zu schreiben.

Ich wurde 1960 geboren mit einem Herzfehler, der immer noch als tödlich gilt. Man machte meinen Eltern wenig Hoffnung. Mit sechs Monaten wurde ich am Herzen operiert, aber die Ärzte sagten, ich würde nicht mehr lange am Leben bleiben.

Als ich siebenjährig war, erwachte ich eines Morgens früh und schaute zu unserem Wohnzimmerfenster hinaus. Es war anfangs November. Ganz weit weg erklang eine kleine Glocke, und dann hörte ich einen sehr leisen Chor der schönsten Stimmen, die ich je gehört hatte und je hören werde. Zuerst erkannte ich die Melodie nicht, aber dann hörte ich «Hört die Engel singen», «Freude für die ganze Welt» und noch mehr leise Lieder, bis die Stimmen verklangen. Zu jener Zeit waren die einzigen Weihnachtslieder, die ich gut kannte, «Stille Nacht», «Jingle Bells» und «O Tannenbaum». Ich wußte, daß es diese anderen Lieder gab, aber kannte sie nicht Wort für Wort.

Ein paar Wochen später fing ich an zu husten und hatte Temperatur, nur zwischen 37 und 38 Grad – genug für Mutter, um ihre Siebenjährige mit dem Herzdefekt zu Hause zu behalten. Ich saß auf der Couch und schaute in den Hof hinaus, als ich wieder die kleine Glocke hörte und dann den lieblichen Gesang derselben Lieder.

Ich rief meine Mutter und fragte sie, ob sie die Engel singen höre, und konnte nicht verstehen, warum sie es nicht tat

– der Chor sang so sanft und so klar. Es klang, als hätte jemand das Radio abzustellen vergessen und die Musik würde bis in unser Wohnzimmer dringen. (Mutter sagt heute, daß ich ihr furchtbare Angst einflößte.)

Der Engelsgesang kam und ging tagelang – immer, wenn es ruhig und ich allein war. Ich war seit Wochen zu Hause wegen meiner Temperatur und eines Zahnabszesses. Eines Nachmittags saß ich in meinem Zimmer und spielte mit Puppen, als die Engel zu singen anfingen. Diesmal waren die Stimmen etwas lauter, und eine Stimme sang falsch. Das störte mich, und als hätte sie es gemerkt, wurde die falsch singende Stimme lauter und lauter, bis ich nur noch sie hörte. Das erschreckte mich, und ich lief aus dem Zimmer und schrie nach meiner Mutter. Unter Tränen versuchte ich meiner Mutter zu erklären, was passiert war. Mutter fragte immer wieder, ob diese «Stimme» meinen Namen gerufen oder mich etwas hatte tun heißen. Wahrscheinlich fürchtete sie, ich sei übergeschnappt.

Ich hörte den Gesang niemals wieder. Kurz nach alledem kam ich ins Spital mit bakterieller Herzinnenhaut-Entzündung, verursacht durch meinen Zahnabszeß. Die Ärzte erklärten meinen Eltern, die Infektion sei so schwer, daß ich wahrscheinlich sterben würde. Sie würden dafür sorgen, daß es ein schmerzloser Tod werde.

Am 24. Dezember 1967 wurde ich ohne eine Spur einer Infektion entlassen.

Als ich zwölf war, wurde ich wieder am Herz operiert. Wieder erklärten die Ärzte meinen Eltern, mein Herzfehler sei so beschaffen, daß ich kaum bis zwanzig leben würde. Mit sechsundzwanzigeinhalb mußte eine weitere Operation vorgenommen werden, diesmal in der Mayo-Klinik. Die Ärzte waren erstaunt über mich; immer wieder hörte ich: «Sie hat Glück gehabt, daß sie es so lange machen konnte.»

Ich bin jetzt dreißig, glücklich verheiratet und wohne in der Nähe von Washington. Meine Freundin, der ich von «meinen Engeln» erzählt habe, glaubt, daß, wenn ein Kind in Gefahr ist, Engel entsandt werden, um es zu schützen. Weil Kinder unschuldig sind, können sie manchmal diese Engel, die unablässig Gottes Lob singen, hören.

Letzten Winter sollte ich nochmals am Herzen operiert werden: Ich hatte gar keine Angst, nur die große Sorge, die mein Mann an den Tag legte, bedrückte mich. Aber erzählen wir die Geschichte zu Ende.

Ich lag fast den ganzen November im Georgetown-Spital.

Eine Routine-Untersuchung hatte eine Verengung der Aorta entdeckt. Es wurden mehrere Echokardiogramme gemacht – jedes «Echo» zeigte die Verengung auf. Die Ärzte kamen zum Schluß, daß die Verengung unbedingt operativ entfernt werden müsse. In einem letzten Test wurde ein Katheter mit Farbe eingeführt, damit man das Blut durchs Herz kreisen sehen und feststellen konnte, wie stark die Verengung war und wie dringlich ein operativer Eingriff.

Ich war während dieses Tests wach und mein Herzspezialist sprach andauernd mit mir. Als die Farbe zu dem Teil des Herzens gelangte, wo man die Verengung festgestellt hatte, verstummte er plötzlich, schaute mich an und sagte «Das kann ich nicht glauben. Da ist nichts!»

Er schaute nochmals hin und rief andere Ärzte, sie sollten auch schauen. Natürlich *kann* die moderne Medizin nicht verstehen, was geschehen war, und *will* nichts von einem göttlichen Eingriff wissen.

Mein Mann, meine Familie und ich sind von Freude überwältigt und loben Gott jeden Tag. Mein Vater sagte, er sei nicht überrascht; am Tag vor meinem letzten Test hatte er der Heiligen Jungfrau eine Kerze für mich angezündet und ihr gesagt, ich hätte jetzt genug durchgemacht. Am Tag des Tests schenkte mir meine Mutter, die meine Liebe zu Engeln kannte, eine winzige goldene Engelsbrosche, die ich während des Tests tragen sollte.

Der Engelschor, den ich als Kind hörte, hat mein Leben stark beeinflußt und (offensichtlich) lange Wirkung gezeitigt. Ich habe viele Chöre gehört, aber keiner konnte sich mit den schönen Stimmen vergleichen, die ich 1967 hörte.

Name auf Verlangen nicht genannt

Als ich 1960 in Manhattan wohnte und arbeitete und in der hektischen Welt der Reklame und der Photographie von einem Job zum andern wechselte, ging ich an die Küste von New Jersey, um frische Luft zu schöpfen. Ich traf dort einen Mann, einen jungen Arzt, auf Urlaub zwischen zwei Assistenstellen. Er hatte sechs Wochen Zeit, um sich vor seinem Stellenantritt an der Mayo-Klinik zu erholen, und wohnte in einem Haus an der Küste. Er fragte, ob er mich am Tag darauf zum Abendessen ausführen dürfe. Ich merkte, daß ich seinen Familiennamen vergessen hatte. Er schrieb ihn zweizeilig in den Sand: EDEL MANN. Eine laute, männliche Stimme rechts von mir sagte: «Das solltest du behalten. Es wird dein Name sein.» Ich schaute in alle Richtungen. Es war niemand auf Sprechdistanz da. Und die Stimme hatte recht, dieser Mann bat mich binnen einem Monat, ihn zu heiraten.

CAROLYN FOOTE EDELMANN, Princeton, New Jersey

Ich habe erst etwa ein Drittel Ihres Buchs «Engel» gelesen, muß Ihnen aber unbedingt schreiben.

Seitdem ich vor fünfzehn Jahren von den Engeln erfuhr, nahm ich sie täglich wahr; sie waren mir beständige Gefährten, leiteten und inspirierten meine Gedanken, warnten und tadelten mich und gaben mir Trost und Rat. All dies in feiner, unaufdringlicher Weise.

Ich habe keine großen, verblüffenden Berichte, daß sie mir erschienen oder mich von einem Ort zum andern trugen, aber dafür spüre ich ihre Gegenwart ständig, und sie helfen mir bei kleinen Dingen, wie etwa, was für einen Ausflug einzupacken sei, was ich den Kindern über ein Problem sagen sollte, welcher Weg bei Millionen kleiner Entscheidungen der beste sei. Oft fühle ich einen Druck auf meinem rechten Ohr, wenn ich «grünes Licht» bekomme, um etwas zu sagen oder zu tun, – und Druck auf meinem linken Ohr, wenn ich etwas *nicht* tun soll.

Der Ausdruck «grünes Licht» erinnert mich an einen Vorfall, als ich noch nicht verheiratet war. Mein (jetziger) Mann zog mich nicht eigentlich an, aber viele Träume und seltsame Begebenheiten sagten mir deutlich, daß wir eines Tages verheiratet sein würden. So ging es lange Zeit, und obwohl wir gute Freunde waren und einander oft sahen, erwähnte ich keinen dieser Träume ihm gegenüber. «Wie peinlich!» dachte ich.

In einer Nacht, bevor er zu einem Abendessen zu mir nach Hause kommen wollte, träumte ich, daß er sich vor mich stellte und mir einen Kuß auf die rechte Seite meiner Nase gab. Ich erwachte, und der Engel sagte mir deutlich, ich solle in Ann Ree Cohens Buch «Watch your dreams» das Stichwort «Nase» nachschlagen. Ich tat es und fand unter anderem folgende Zeilen:

> Wer eine ätherische Berührung der rechten Nüster erfährt, dem sagt sein Schutzengel, er solle handeln; das ist ein «grünes Licht» aus höheren Welten.

Da er mich auf der rechten Seite der Nase berührt hatte, wußte ich, daß die Engel mir sagten, ich solle Mut fassen und meinem zukünftigen Mann von meinen inneren Erfahrungen erzählen.

Ich tat es. Und binnen weniger Monate heirateten wir.

Wir sind jetzt zwölf Jahre miteinander verheiratet und lieben einander täglich mehr, und wir haben zwei prächtige Töchter, die an unserem spirituellen Leben teilnehmen.

Das ist nur eine von tausend Arten, in denen Engel mir ihre Gegenwart und Hilfe kundgetan haben. Je öfter ich ihnen danke, desto stärker spüre ich ihre Gegenwart. So versuche ich, meiner Dankbarkeit stets Ausdruck zu geben.

Engel arbeiten auch mit dem «Zufall». «Zufällige» Zusammentreffen kommen unzählige Male vor. Man hört ein Wort im Radio und sieht es gleichzeitig auf einem Stück Papier; man denkt an jemand oder spricht von ihm, und es taucht eine Autonummer mit dem Namen oder den Initialen des Betreffenden auf; letzte Nacht träumte man von Indianern, und als erstes am Morgen sieht man einen riesigen Lastwagen, auf dessen Seite ein Indianer gemalt ist; etwas Außerordentliches ist passiert, und gleich darauf sieht man einen Film oder liest ein Buch, in dem dieselbe Geschichte jemand widerfahren ist. Und so weiter und so fort.

Die Engel sind Herren der Zeit und arbeiten mit den Menschen mit Hilfe dieser kleinen Zeitwunder.

Von einer dankbaren und respektvollen Leserin

Tayria Ward, La Crescenta, California

Warum lieben es Engel, sich zu verkleiden? Sie kommen als Visionen, Stimmen, Träume, Zufälle, Intuitionen und als leises Flüstern im Ohr. Sie kommen als Tiere oder als andere Menschen, oder als Friedensflut im Herzen. Manchmal kommt ein Fremder zu einem und gibt einem genau die Information oder Hilfe, die man benötigt. Manchmal amtet man selbst als Engel für einen Augenblick, bewußt oder nicht, und spricht Worte, von denen man nicht wußte, daß man sie kennt.

Aber manchmal kommen diese Wesen als *Engel, genau in der Gestalt, in der Künstler sie sehen – als Lichtwesen mit und ohne Flügel. Die Leute, die sie gesehen haben, sind sich nicht immer einig darüber, wie sie aussehen. Sie sind männlich oder weiblich, groß oder klein, erwachsen oder Kinder.*

Sie stehen da und tun nichts, schauen nur die Person, die sie beobachtet, rätselhaft an; oder sie weinen (man stelle sich das vor!), oder sie demonstrieren eine Wahrheit oder bringen Hoffnung. Und sie kommen nicht zu Heiligen, sondern zu gewöhnlichen Leuten.

In den nächsten Briefen sieht ein Sechsjähriger sechs Engel und fürchtet für sein Leben. Es ist der einzige Brief, den ich bekommen habe, in dem ein Engel weder Frieden noch Trost bringt, weder Spaß noch Spiel. In anderen Berichten sieht eine erwachsene Frau einen Engel, der sie beobachtet, ihr aber keine Botschaft bringt. Und eine andere Frau empfängt eine mystische Enthüllung von großer Tiefe.

•

Engel bei der Verkündigung.

Jeder Luftzug, jeder Strahl von Licht und Wärme, jede schöne Aussicht kommt den Säumen der Gewänder und dem Schwingen der Roben derer gleich, deren Gesichter Gott sehen.

JOHN HENRY NEWMAN

Ich hatte ein Erlebnis, das Jahre hindurch «mein geheimnisvoller kostbarer Augenblick» geblieben ist. Ich hütete ihn, sprach einmal mit einem Geistlichen darüber und berichtete davon einer Schwester, einem meiner Kinder und ein paar Freunden. Die Antwort aller war Schweigen, vielleicht ein paar Fragen, und was sie sonst davon hielten, weiß ich nicht.

Eines weiß ich: es war mir immer ganz gleichgültig, ob ich davon sprach oder nicht, denn ich hatte nie das Bedürfnis, jemand zu einer bestimmten Auffassung oder Glauben zu bringen. Ich weiß, daß es geschehen ist, und wenn es einem selbst geschehen ist, «weiß» man einfach, daß es wahr ist. Nur das ist wichtig, und man kann das Geheimnis auf ewig in Herz und Seele bewahren.

Ich hoffe, ich kann dies mit der Liebe und Wertschätzung berichten, mit der ich an diese Erfahrung denke. Ich war damals eine junge Ehefrau, wenig über zwanzig, in meinem ersten Holzhäuschen. Ich weiß noch, wo jedes Möbelstück in meinem Schlafzimmer stand und wie ich schlief, und ich sehe mich noch und meinen lieben Engel, als er erschien. Es war in der Nacht. Mein Bett war nach Westen gerichtet, und ich lag auf der rechten Seite. Das Zimmer öffnete sich nicht und der Himmel auch nicht; der Raum bebte nicht und mein Bett bewegte sich nicht, aber plötzlich erschien, am Fuß meines Bettes und zwischen Zimmerboden und -decke schwebend, ein Engel. Nicht umgeben von geheimnisvollem Licht, nicht schneeweiß, wie die Leute erzählen, sondern natürlicher, in hellbeige Gewänder gehüllt, die seine Füße bedeckten. Sie, es war ein weiblicher Engel, hatte schöne Flügel – wie das Gefieder eines großen Vogels – an den Schultern. Sie sprach nicht und bewegte sich nicht, sie stand nur da am Fuß meines Bettes. Ich muß immer «sie» sagen. Ja, es war ein weiblicher Engel, etwa dreizehn oder vierzehn Jahre alt. Woher weiß ich das? Man weiß es einfach, wenn es passiert.

Alle diese Jahre war ich verunsichert; ich mußte weinen, wenn ich an sie dachte oder über sie sprach. Sie ist nie zurückgekommen, obschon ich darum betete, damit sie mir erkläre, warum sie kam. Warum zu mir? Warum in diesem Zeitpunkt? Werde ich sie jemals wiedersehen? Wie ich die Erinnerung an sie liebe, und wie ich wünschte, ich wüßte die Antwort auf meine Fragen. Ich habe eine Theorie, aber wenn ich sie vorlege, riskiere ich, als fanatische, vernarrte Mutter betrachtet zu werden. Aber ich glaube, diese Erscheinung hatte mit der Geburt meines Sohnes zu tun. Er kam am Geburtstag seines Vaters vor achtunddreißig Jahren auf die Welt. Das war der glücklichste Tag meines Lebens. Als Kind und als Mann war er so nahe einem Heiligen auf Erden, wie ich es mir nur vorstellen konnte. Ein Mensch wie er, innen und außen, als Vater, Gatte, Freund, als Stütze der Kirche, der Gemeinde und überhaupt im Leben, konnte einem nur durch göttliche Gnade geschenkt werden.

Ich habe mich stets gefragt, war das die Botschaft, die sie brachte? Man kann nicht darum beten, daß ein Engel kommt, man kann keinen anfordern, man kann keinen kaufen. Ich glaube, nur dank göttlicher Gnade kann einer zu irgendjemand auf der Erde gesandt werden, und ich weiß, ich werde mich stets fragen: Warum ich? Und wird sie jemals wiederkommen?

Ich wollte, ich könnte Ihnen diese Geschichte persönlich erzählen: Ich sehe sie immer noch, wie sie in meinem Haus am Fuß meines Bettes schwebte. Es war so schön und klingt auf Papier vielleicht nicht so wie von Angesicht zu Angesicht.

FRANCES L. LYLES, Houston, Texas

Der Engel des Herrn umschirmt alle,
die ihn fürchten und ehren,
und er befreit sie.

PSALM 34

Nur wenig Leute nehmen die Gegenwart von Engeln wahr; meist sind es solche, die niemand haben, mit dem sie sprechen können. Das erweckt Zweifel und bringt einen in den Verdacht der Wunderlichkeit. Ich weiß das, denn ich muß mich mit dieser Situation auseinandersetzen, seitdem ich sechs war.

Ich las über Begegnungen, die anderen widerfahren sind, und begriff, daß die meine, so seltsam sie scheint, ein Geschenk war, das nur wenige Leute bekommen, und daß ich, statt sie geheimzuhalten, sie anderen mitteilen sollte.

Meine Geschichte:

Als ich sechsjährig war, beschlossen meine Eltern, ein paar Tage Ferien in einer Strandhütte zu machen. Der erste Nachmittag dort war typisch: im Wasser schwimmen, den Sand zwischen den Zehen hochquellen lassen, in der Sonne liegen, auf dem Grill kochen – ich erinnere mich an nichts Ungewöhnliches.

Mein Bruder und ich wurden am Abend ins Bett geschickt, und ich weiß noch, daß ich nicht einschlafen konnte. Das Schlafzimmer hatte einen steilen Giebel; zuoberst war ein Fenster, das mit verblasstem Plastik bedeckt war.

In der Mitte der Nacht wurde ich geweckt, nicht durch ein Geräusch oder eine Bewegung, ich öffnete einfach die Augen, und was ich sah, machte mir so starkes Herzklopfen, daß meine Hände auf der Brust im schnellen Takt dazu bebten. Ich weiß noch, wie ich mein Herz im Hals klopfen spürte und

Angst meinen Körper überflutete. Sechs Engel standen um mein Bett, drei zur Rechten und drei zur Linken. Ihre Körper berührten sich an den Schultern, es gab keinen Zwischenraum zwischen ihnen. Sie waren sehr groß und breit. Ich kann nicht sagen, daß sie größer waren als ein erwachsener Mensch, aber meinen kindlichen Augen schienen sie riesig.

Ihr Strahlen erhellte das Zimmer mit sanftem Licht. Ich konnte durch sie hindurchsehen und erblickte meinen schlafenden Bruder, der nichts gemerkt hatte. Sie sahen alle gleich aus, jeder in einem hellblauen, fließenden Gewand. Ihre goldenen Schwingen waren kompliziert gemustert und sahen, geschlossen, ein wenig sperrig aus. Ihre Gesichter waren schneeweiß, mit kleinen Nasen und hellen Augen. Ihr Haar war golden, lang und gewellt. Auf ihrem Kopf trugen sie den berühmten Heiligenschein, rund, hell und im Durchmesser etwas kleiner als ihr Kopf. Die Hände waren betend gefaltet. Die Engel taten nichts, sie schauten mich nur an.

Ich versuchte, meine Augen zu öffnen und zu schließen, immer wieder. Wenn ich meine Augen lang genug schliessen würde, so hoffte ich, würden sie glauben, ich schlafe, und verschwinden. Ich hatte das Gefühl, sie wollten mich holen, und ich wollte nicht von meiner Mutter weg. Ich achtete darauf, daß meine Hände auf der Brust blieben. Ich wußte, es war verboten, sie zu berühren oder es auch nur zu versuchen.

Ich habe keine Ahnung, wieviel Zeit verging. Es schien, als beobachteten wir einander mehrere Minuten lang. Nichts geschah. Ich schloß ein letztesmal die Augen und schlief ein.

Als ich aufwachte, war ich begeistert, daß die Sonne schien und Mutter in der Küche war. Ich ging schnell zu ihr und erzählte ihr von den Engeln. Mutter, im Kloster erzogen, verstand mich – aber sie erklärte nichts.

Solange ich ein Kind war, und dann auch als Jugendlicher, dachte ich oft an diese Nacht, und jedesmal spürte ich im Körper einen Schauer von Energie. Meine Augen füllten sich mit Tränen. Ich habe die Sache nur wenigen, sorgfältig Gewählten erzählt; niemand verstand oder erklärte sie – wie wäre das auch möglich gewesen?

Manchmal frage ich mich, warum sie überhaupt kamen, denn mir schien, es sei nichts geschehen außer, daß wir einander anschauten. Ich weiß, daß wir nicht miteinander sprachen. Aber manchmal hatte ich das Gefühl, sie hätten mir eine Gabe gebracht, die sich erst in späteren Jahren zeigen sollte.

Manchen Leuten begegnen Engel, die ihnen das Leben retten; es gibt Engel, die den Menschen Weisheit verkünden oder Geschenke für die ganze Menschheit bringen. Ich glaube, meine Begegnung geschah, damit ich die Menschen im Glauben und geistigen Wachstum führen konnte, als Lehrer und Heiler.

Lasst uns also nicht das Warum im Auge behalten, sondern nur die Tatsache, daß es uns geschenkt war, sie zu sehen, und stimmen wir mit anderen in das Lob ein!

Dani R. Abel, Santa Ana, California

Ich heiße Denise Sexton. Ich bin zwölf Jahre alt. Als ich Ihr Buch «Engel» gelesen hatte, wollte ich Ihnen meine Erfahrungen mitteilen.

Als ich neun war, wurde meine Tante ermordet. Ich wußte es vor allen andern. Während ich spielte, spürte ich plötzlich einen warmen Luftzug über mir, und ich wußte, daß etwas nicht gut war. Zwei Stunden später hörte ich meine Eltern sagen, sie sei umgebracht worden.

Ein paar Tage später träumte ich, ich sehe meine Tante mit den größten, reinsten, klarsten blauen Augen, die ich je gesehen hatte. Sie schienen nicht zu blinzeln. Ich erinnere mich, daß ich losrannte, und als ich zurückschaute, sah ich sie im schönsten Licht, das mir je begegnet war. Ich kann es nicht richtig erklären, aber was mir am meisten blieb, waren ihre Augen. Ich bin immer noch tief beeindruckt, denn meine Mutter sagt, die Augen seien Fenster zur Seele.

Nochmals ein paar Tage später hatte ich wieder einen Traum. Meine Tante lag neben mir im Bett. Sie sagte, sie könne eine Nacht bleiben, Gott hätte es erlaubt. Sie sprach mit einer weichen, sanften Stimme, die meinen Körper «füllte». Ehe sie ging, sagte sie mir, sie habe drei Tage im Fegefeuer zugebracht, und ich solle so brav sein, wie ich nur könne, denn drei Tage seien eine sehr lange Zeit und das Fegefeuer viel schlimmer als das Leben auf der Erde. Als sie mich verließ, glühte an ihrem Platz ein sanftes Licht, das mich wie ein Feuer wärmte, obschon es in unserem Haus keine Heizkörper gab.

Dann starb 1989 mein siebzehnjähriger Bruder an einer Embolie. Es ist mir ganz und gar gegenwärtig – wie seine Fingernägel geformt waren und wo er sein Haar scheitelte. Wir waren einander sehr nahe, und ich liebte Darrell sehr.

In der Nacht, in der er starb, war ich im Haus einer Freundin. Wir saßen auf dem Wasserbett, als ich den Drang fühlte, mein Handgelenk zu betrachten, wo ich ein Armband trug, das mich mit Darrell verband. Dann schaute ich die Uhr an; es war 11 Uhr 42 nachts. Dann spürte ich, wie das Armband zerbrach. Später betete ich und dankte Gott für Darrell und dafür, daß er ihn glücklich gemacht hatte, statt dass ich für seine Gesundheit betete.

Ich erfuhr, Darrell sei um 11 Uhr 42 gestorben.

Das jüngste Erlebnis hatte ich vor ein paar Wochen. Ich hatte Schwierigkeiten und rannte aus dem Haus und lehnte mich weinend an die linke Hauswand. Es blies kein Wind, aber es war kalt. Ich schaute nach Westen und spürte plötzlich, wie ein sanfter Luftzug über mich strich. Es war so warm, als schiene die Sonne. Ich glaubte zu schweben, spürte aber meine Hände an der Hausmauer. Es schien, als ob die Tränen von meinem Gesicht weggeblasen würden, und ich wurde von einem herrlichen Frieden erfüllt.

Dann war ich zurück in meinem Körper, und man rief mich aus dem Haus. Das Gefühl des Friedens hielt sich den ganzen Tag.

DENISE SEXTON, Sebastopol, California

Einmal, als ich im Schlafzimmer saß und aufschaute, weil ich den Schritt meines Mannes zu hören glaubte, stand da ein Engel. Er war sehr, sehr groß, sein Kopf wäre durch die Zimmerdecke gegangen, doch war da keine. Das Unglaubliche war, daß ich ihn kannte und er mich kannte. Er streckte die Hand aus. «Komm», sagte er, «ich will dir etwas zeigen.»

Ich nahm ohne Furcht seine Hand, und wir bewegten uns sehr rasch aufwärts.

Er sagte: «Schau hin.» Ich schaute und sah unsere Erde, wie sie sich um sich selber drehte und einer anderen Bahn folgte. Es war so schön.

Er sagte: «Schau besser hin», und meine Augen stellten sich anders ein, und ich sah eine Frau auf der Erde, die aus einem Gemüseladen kam und eine große Tüte trug. Ich konnte sogar die Sommersprossen auf ihrer Nase sehen. Es war großartig, und ich fühlte mich so gut dabei.

Er sagte: «Schau noch genauer hin», und da sah ich, daß alles einen Klang hatte und alle geschaffenen Dinge eine Stimme. Kleine Steine hatten kleine Stimmen, große Felsen und Berge hatten große Stimmen. Sie alle sangen Lobgesänge; das Kies auf den Zufahrten sang, und Möbel und Gras. Die See und ihre Wellen trugen ihren Jubel zu den Küsten. Ich konnte hören, wie sie an die Strände brandeten und sagten «Halle-lu-jaaa».

Diese Klänge waren so vollkommen und rein, daß mir die Tränen kamen. Mein ganzes Wesen wollte weinen. Die Bäume und Büsche hatten keine Blätter, sondern Händchen, die hingebungsvoll klatschten.

Ich sagte zum Engel: «Nie werde ich das vergessen.»

«Das solltest du auch nicht», sagte er. «All diese Dinge wurden zu Gottes Lob und Ruhm geschaffen, und genau dem kommen sie nach. Aber der Mensch wurde mit einem Willen geschaffen, und er kann Gott nicht preisen, wenn er seinen Willen nicht der Liebe zu Gott unterordnet. Wenn er das tut, heißt Gott alle andern schweigen, denn jetzt preist ihn sein eigenes Kind.»

Er sagte: «Wenn wir Gott nicht preisen, schreien die Steine.»

Und dann war ich wieder in meinem Schlafzimmer, das Buch Jesaja lesend. Ich wußte nun, daß das, was wir jeden Tag sehen, nicht wirklich so ist; alles wird zusammengehalten durch kleine, singende, lobpreisende Moleküle von Freude.

ANNA LOOMIS, Corning, New York

Im Februar 1987 war ich in einer von Jesuiten geleiteten Besinnungsstätte, in einem anglikanischen Kloster in Toronto, Ontario. Jeder Teilnehmer wurde einem Leiter zugewiesen, der die Bibelworte und Gebete verteilte, die man zu lesen oder beten hatte. Mir wurde gesagt, ich solle diese «obligatorischen» Aufgaben nicht erfüllen, sondern die ersten zwei Tage ruhen, schlafen und umhergehen, und dann nur einmal täglich meditieren und beten, bis ich weniger erschöpft aussähe. Ich hatte mich vor kurzem nach einundvierzigjähriger Ehe von meinem Gatten getrennt und arbeitete in einem anspruchsvollen, faszinierenden Beruf.

Am dritten Tag saß ich halb betend, halb schweigend, und da erschien ein Bild vor mir. Gerahmt. Ein Weg erstreckte sich zu einem Tor, wo man ein Stück eines Kreuzes erkennen konnte. Eine weiße (weibliche?) Gestalt stand dort, und um sie herum schwebten lauter Engel, einige mit ausgebreiteten Schwingen und andere mit gefalteten – viele davon schwebten in der Luft und schauten zu. Darunter war ein Bibelzitat (und ich bin nicht gut beim Zitieren der Bibel):

Ich werde meinen Engeln befehlen, daß sie dich behüten, damit du deinen Fuß nicht an einen Stein stoßest.

Ich glaube, das ist aus dem 91. Psalm. Ich schaute eine Weile hin; dann verblaßte das Bild, weil ich zu denken anfing.

Ein paar Tage später (Sonntagabend) kehrte ich heim und nahm meine Arbeit wieder auf, wurde aber sofort krank. Ich dachte, ich litte an einer Darmgrippe. Am Donnerstag ging es mir etwas besser; das Fieber war gefallen und die Schmerzen erträglicher geworden. Ich ging zu meinem Arzt, der eine Ultrasonografie anordnete. Die Techniker, die das Gerät über meinen Bauch führten, bermerkten: «Sieh da, der Fels von Gibraltar», antworteten aber nicht auf meine Fragen. Zwei Stunden später lag ich auf dem Operationstisch mit einer durchbrochenen Gallenblase und Gallensteinen. Die Chirurgen konnten sich meine rasche Genesung nicht erklären; sie sagten, ich sei in großer Gefahr gewesen. Sie ahnten ja nicht, daß Engeln befohlen worden war, mich zu behüten – allerdings, auch ich erinnerte mich erst zwei Wochen später an meine Engelvision und das äußerst passende Bibelzitat, und ich muß gestehen, ich kicherte über den gesegneten Humor Gottes.

Ich heile oft mit den Händen, und ich weiß, daß es die heilende Führung des Göttlichen ist, das sich durch meine Engel und diejenigen des Menschen, an dem ich arbeite, offenbart – das Göttliche sorgt für Sicherheit und all das Gute, das entsteht. Manchmal spüre ich ihre Gegenwart und bin dankbar.

MURIEL N. BISHOP, Wallingford, Pennsylvania

Das erste Erlebnis, über das ich berichten möchte, hatte ich, als ich neunzehn oder zwanzig war. Eine Gruppe von Freunden kam mit mir zu einem Film über Christus, und als ich die Kreuzigung sah, war ich tief aufgewühlt. Ich beschloß, heimzugehen und mit Gott über meine Gefühle zu sprechen. Ich konnte nicht aufhören zu weinen.

Zu Hause saß ich im Dunkeln auf meinem Bett und weinte. Ich sagte zu mir selbst und zu Gott, daß Jesus sein Leben geopfert hatte, damit die Menschen an ihn glauben und in Ruhe und Frieden leben könnten. Er hatte alles getan, was er konnte, und doch saß ich jetzt hier, so unwissend wie damals, als ich begriffen hatte, daß es einen Gott gab, so blind und ahnungslos über Gott wie damals, als ich beschloß, seine Wege zu gehen. Was konnte Jesus denn mehr tun, als er bereits getan hatte, um meine Unwissenheit zu erleuchten?

Ich fühlte irgendwie, daß Trost mich zu erreichen versuchte, aber ich wies ihn mit Absicht zurück, denn ich wollte von Gott selber etwas hören! Nach ungefähr einer Stunde (ich weiß es wirklich nicht genau) hörte ich eine Stimme, so klar, als wäre sie in meinem Zimmer. Sie sagte: «Geh hinunter und tröste sie, denn sie weint und will sich nicht trösten lassen.»

Sofort spürte ich, wie die Atmosphäre im Zimmer leichter wurde, und ich schaute empor und sah einen Engel herniederkommen. Er kam durch die Decke, als gäbe es sie nicht, und blieb einen Augenblick am Fuß meines Bettes stehen, als ob er erst sehen wollte, wo das Problem lag. Ich sage «er», aber in Wirklichkeit vereinte er Männliches und Weibliches, nicht so sehr körperlich als in Ausstrahlung und Charakter.

Er war etwa 1 Meter 70 groß, Körper und Gewänder waren rein weiß, und sein Kopf war mit losen Locken bedeckt, eben lang genug, um über die Ohren bis zur Halsmitte zu fallen. Ich wußte es damals nicht, aber der Engel glich den griechischen Statuen, die ich später gesehen habe. Körper und Gesicht waren voll, aber nicht besonders muskulös; er bestand aber deutlich nicht nur aus Haut und Knochen, und die fleischigen Teile, Wangen, Arme und Waden erschienen weich und doch fest.

Er kam auf die Seite des Bettes und setzte sich neben mich (sein Gewicht drückte das Bett nieder, so daß ich beinahe an ihn gedrückt wurde); er legte den rechten Arm um meine Schultern und die linke Hand auf meinen linken Arm, schaute mir voll ins Gesicht und fragte leise, aber nachdrücklich: «Warum weinst du?»

Fast pausenlos betrachtete ich ihn und sah, daß seine Augen weiß waren; als ich sie anschaute, schien mir, ich könne das All sehen; als wäre er ein riesiger Weltraum, der in die Form eines Menschenkörpers gegossen war. Endlich nahm ich mich zusammen und erzählte ihm genau, was ich eben in meinem Brief geschrieben habe, von meiner Unwissenheit und Dummheit, wo doch Christus soviel getan hatte, damit die Menschen sich ändern.

Der Engel schaute mich durchdringend und fürsorglich an, doch nichts in seinem Blick war geeignet, Selbstmitleid zu wecken, und sagte: «Jesus starb auch für dich.» Ich verstand nicht, warum mir dieser Ausspruch helfen sollte, denn ich fand, das wüßte ich ja schon. Aber als er sprach, «sah» ich (wiederum in mir drinnen) eine «Vision» (oder wie immer Sie es nennen wollen) des Universums, und von hoch oben kam ein fallender Stern. Ein paar Sekunden betrachtete ich ihn: wie ein Blitz fuhr er in meinen eigenen Geist ein und, als er den Grund meiner Seele erreichte, zerbarst er in eine große, stille Lichtgarbe, die mir sofort Frieden brachte.

Ich sah auch die Kreuzigungsszene, und dieses Mal sah ich Jesus und, als ob ich durch seine Augen blickte, sah ich, was er zur Zeit seines Todes sah: Er sah auch mich. Vorher war dieses Wissen weit weg gewesen, aber jetzt wurde es sehr persönlich. Ich hatte das gewußt, aber nicht wirklich persönlich auf mich bezogen und hatte deshalb meinen Geist nicht beruhigen noch den Frieden spüren können, den ich nötig brauchte. Statt einer schmerzvollen und gräßlichen Szene wurde die Kreuzigung jetzt zu einem Ausdruck großer Liebe und Fürsorge.

Als hätte man einen Hahn zugedreht, versiegten meine Tränen. Ich war nicht mehr aufgewühlt. Beinahe schockierte es mich, wie befreit ich mich im Bruchteil einer Sekunde fühlte, und ich saß verblüfft da und betrachtete den Engel, der mich intensiv ansah. Ich erwartete, daß er jetzt aufstehen und sofort heimgehen werde, denn der ersehnte Frieden war ja über mich gekommen, aber er saß da und schaute mich an, als ob er darauf wartete, daß ich noch andere Klagen hätte. Ich wurde unter seinem Blick verlegen; ich konnte lediglich lächeln und den Kopf senken.

Da stand er auf, schritt zum Fußende des Bettes bis zur Stelle, an der er angekommen war, und schaute sehr liebevoll und ehrfurchtsvoll in die Höhe, als sähe er Gott. Eine Säule weißen Lichts senkte sich auf ihn, und er erhob sich durch die Decke und war außer Sicht.

Die «Persönlichkeit» des Engels beeindruckte mich. Leute, die glauben, Fortschritt im spirituellen Leben bedeute, daß Gott intellektueller, ferner und fast charakterlos werde, irren sich. Er hat ja die Persönlichkeiten und Charaktere geschaffen, und er liebt seine Schöpfung. Er erwartet nicht, daß wir «reifen», bis wir nicht mehr die Geschöpfe sind, die er gemacht hat.

Das nächste Erlebnis, das ich erzählen will, hatte ich etwa fünf Jahre später. Ich arbeitete als Kellnerin in einem Hotel. Ich konnte den Ort kaum aushalten. Ich fühlte mich erniedrigt, gefangen und zerbrochen. An einem Morgen, als ich vor der Arbeit in der Küche war, sah meine Mutter auf dem Lampenschirm in der Werkstatt etwas, das sie für einen Nachtfalter hielt. Sie rief mich, ob ich ihn hinausscheuchen könnte. Ich löschte als erstes das Licht, und sofort flog «der Falter» an die Wand, sehr hoch hinauf. Ich fragte mich, wie ich ihn herunterholen könnte, und fühlte plötzlich den Impuls, meine Hand hochzustrecken, etwa 15 cm unterhalb des Nachtfalters. Dann hörte ich innerlich jemand sagen, er solle auf meiner Hand landen.

Nach nur zwei oder drei Sekunden erhob sich der Nachtfalter von der Wand und flatterte auf meine Hand. Ich sah, daß es ein Schmetterling war, tief rotbraun mit gelb geränderten Flügeln und königsblauen Flecken in den Flügelecken. Er bewegte sich nicht. Ich lief mit ihm auf der Hand herum, und er blieb und sonnte sich auf meiner Hand. Ich wünschte innerlich, er solle auf meine andere Hand hüpfen, und er tat es. Ich hielt ihn an ein Baumblatt und wünschte, daß er darauf hüpfe. Er tat es. Um sicher zu sein, daß es kein «Zufall» war, sagte ich ihm, er solle vom Blatt wieder auf meine Hand springen – und er tat es.

Nun war mir klar, daß Gott mir eine Botschaft zukommen ließ, und ich rief meine Mutter, damit auch sie das Ereignis sehen konnte. Auch sie konnte es nicht erklären und schaute nur zu, wie der Schmetterling mehrere Male von meiner Hand auf den Baum hüpfte. Schließlich schien mir, eine Botschaft sei zu meinem Geist durchgekommen, und ich ließ den Schmetterling ein letztes Mal auf den Baum hüpfen und dann fortfliegen.

Später schaute ich nach und fand, daß der Name des Schmetterlings «Mourning Cloak» (Trauergewand) war, ein vollkommenes Sinnbild der bösen Zeit, die ich durchmachte. Wie der Schmetterling aufhören muß, als «Wurm» zu leben, so, wurde mir bedeutet, sollte ich die Zeit des Leidens und Trauerns durch mich hindurchgehen lassen und verarbeiten, damit ich mit einem erweiterten Horizont aufwachte.

Es gibt ein Geheimnis, wie man die Probleme des Lebens «zum Besseren wenden» kann, statt daß sie einem alle Kraft rauben. Im Augenblick, da einen etwas Schweres oder Unerträgliches einholt, soll man mit Liebe und Dankbarkeit zu Gott aufschauen und Gottes Liebe in sich fließen lassen. Man muß den «Tod» annehmen, um Leben zu gewinnen.

BRENDA BROWN, Cranbrook, British Columbia

Vor vielen Jahren, als unser dritter Sohn Erich noch klein war, erzählte er mir von seinem Deckenlicht. Während er schlief, sagte er, lockerte sich die Fassung seines Deckenlichts, und das Licht kam herunter und schwebte schimmernd über seinem Körper. Ich wußte, daß er hoch intuitiv war und weiser, als sein Alter erwarten ließ. Er würde mir kaum etwas berichten, was nicht der Wahrheit entsprach. Trotzdem, fand ich, kann selbst Edisons beste Erfindung nicht lebendig werden und willkürlich herumwandern. «Vielleicht kam nicht das Licht herunter, sondern du gingst hoch», sagte ich. Aber nein – er war nicht aus dem Bett gekommen, er war hellwach, und es war das Licht – daran hielt er eisern fest.

In der folgenden Nacht wurde ich von einer dringlichen Stimme aus tiefem Schlaf geweckt: «Wach auf! Wach auf! Wenn du Erichs Licht sehen willst, es ist hier in deinem Zimmer.»

Ein funkelndes Strahlen, das die Form einer riesigen Schneeflocke hatte, hing an meiner Türe. Ich fühlte eine Gegenwart, etwas Lebendiges. Es war warm, friedlich, gut. Während ich es anschaute, zog es sich langsam zurück, verblaßte und verschwand. Ich notierte die Zeit, denn ich wollte beweisen, daß ich wach gewesen war. Und ganz, ganz langsam kam die Erkenntnis, daß ich so wenig wie mein zehnjähriger Sohn diesem wunderbaren Ding einen Namen geben konnte. War es ein Engel in seiner natürlichen Gestalt, ohne menschliche Verkleidung? War es möglich, daß wir so gesegnet waren? Vielleicht ja.

Carole J. Hessner, Delavan, Wisconsin

Ein gewaltiger Engel kam aus dem Himmel
herab; er war von einer Wolke umhüllt, und
der Regenbogen stand über seinem Haupt.
Sein Gesicht war wie die Sonne,
und seine Beine waren wie Feuersäulen.
In der Hand hielt er ein kleines,
aufgeschlagenes Buch.

GEHEIME OFFENBARUNG DES JOHANNES

Manchmal ist das Erscheinen des Engels nicht mehr das Wichtigste, sondern die überbrachte Botschaft. Oder läßt sich das nicht unterscheiden? Der Überbringer ist irgendwie auch die Botschaft. «Das ist es, was Engel schließlich sind», schrieb der Mystiker Eckhard, «eine Idee Gottes».

Die nächsten Briefe beschreiben Epiphanien und Enthüllungen Gottes. Diese echten mystischen Vereinigungen mit dem Göttlichen geschehen nicht durch Wesen oder Geister oder sogar Engel (obschon sie Teil der Vision sein können), sondern durch Ekstase, Entzücken und Licht.

•

Lobt den Herrn, ihr seine Engel,
ihr starken Helden,
die seine Befehle vollstrecken,
seinen Worten gehorsam.

PSALM 103

Engel, Eucharistie-Mosaik (Ausschnitt), Kiew, zwischen 1108 und 1113.

Ich hab das Buch «Engel» noch nicht bis zur Hälfte gelesen, fühle aber, daß ich Ihnen schreiben muß. Das Buch ist Bestätigung für Tausende von uns, die besondere Erlebnisse gehabt haben.

Hier meine Geschichte:

Meine Eltern waren gute Menschen, aber nicht besonders religiös. Meine Tante und mein Onkel hingegen waren sehr fromm. An einem Samstagabend überredeten sie meine Eltern, mich mit ihnen an eine Veranstaltung «Jugend für Christus» gehen zu lassen. (Ich war damals etwa zehn.) Meine Eltern stimmten zögernd zu. Am Schluß des Gottesdienstes wurden diejenigen, die nicht «errettet» worden waren, aufgerufen, nach vorn zu kommen. Ich saß zwischen Onkel und Tante, wurde aber sofort aus meinem Stuhl gehoben und in den langen, abwärts führenden Gang zur Kanzel geschoben. Es war, als hülfe mir ein starker Luftzug nach vorne. Meine Verwandten waren sehr verstört, fürchteten die Mißbilligung meiner Eltern, fürchteten, daß man sie für meine Handlung tadeln würde.

In jener Nacht kam, als ich schlief, eine großartige, leuchtende Explosion von blendendem Licht – ich sah und fühlte ein paar Flügelschläge. Ich fühlte mich in Licht und überwältigende Liebe gehüllt. Am nächsten Tag sagten die Leute, meine Haut scheine zu leuchten. Meine Mutter fürchtete, ich sei krank, aber an jenem Tag war ich so glücklich wie nachher nie mehr.

Das war nicht meine einzige Erfahrung göttlichen Erscheinens, aber die tiefste und dauerhafteste. Ich habe solches Glück, denn ich muß nicht einfach blind glauben. Wegen meines Erlebnisses weiß ich, daß es Gott gibt. Sollte mein Leben wegen irgendetwas verkürzt werden, werde ich keine Angst haben – denn mich haben Engel besucht.

JEANNE VAN DUSEN SMITH, Alexandria, Virginia

In der Nacht vom 26. August 1989 war ich dabei, Wäscheklammern in einen Sack zu räumen, der am Fenstersims hing. Ich schaute auf und stand dem reinsten, hellsten Licht gegenüber, das ich in meinem ganzen Leben gesehen habe. Es war so weiß wie Schnee, und in der Mitte funkelte etwas, das wie Quecksilber aussah. Es stand bewegungslos da, aber ich spürte eine mächtige Energie davon ausgehen. Ich wußte sofort, daß es kein Autoscheinwerfer war, denn es sah fest aus, und ich spürte eine menschliche Gegenwart, ein Denken, ein Fühlen. Das Licht schaute mich tatsächlich an und erregte meine Aufmerksamkeit, grad wie wenn jemand versucht, sich bemerkbar zu machen und dich anstarrt, bis du seine Energie fühlst und aufschaust.

Ich stand stockstill; ich war so überrascht, daß ich nicht atmen, mich bewegen oder sprechen konnte. Dieses alles durchdringende Licht war aus dem Nichts erschienen, ohne jedes Geräusch oder sonstige Vorwarnung. Als ich aufschaute, war es da in all seiner Glorie, als wäre ein Stück des Mondes zu meinem Fenster gekommen. Ich war so erschrocken, daß ich nicht denken konnte; es tat nichts anderes als mich zu beobachten. Ich schaute dieses wunderbare Licht an und hatte das Gefühl, in der Wüste einen Tümpel mit kühlem Wasser gefunden zu haben, und hoffte, daß er nicht verschwand, ehe ich hatte niederknien und meinen Durst stillen können.

Ich starrte das Licht an und versuchte nun, diese seltsame Erscheinung zu deuten. Das Licht war nur etwa 5 cm von mir entfernt, nur die Fensterscheibe trennte uns. Das Licht verdeckte alles, was hinter ihm war, und stand so bewegungslos wie die Sonne, aber ich fühlte, daß es ihm möglich gewesen wäre, zehnmal heller als die Sonne zu sein. Ich dachte, das Licht halte sich zurück, um mich nicht durch seine explosive Kraft zu verletzen. Ich spürte, wie das Licht Liebe ausstrahlte, und fand, ich müsse etwas Besonderes sein, daß sich etwas so Prachtvolles um mein Wohl kümmerte.

Ich dachte für mich, dies könnte der Allmächtige Gott sein oder ein Engel des Herrn, aber warum in aller Welt erschien mir Gott? Eitelkeit schlich sich in meine Gedanken. Mein Haar war in Lockenwicklern, und ich war auch nicht geschminkt. Die großen Lockenwickler bildeten komische Erhebungen im Kopftuch, das ich trug.

Ich schaute es von links nach rechts an und blickte dann in die Mitte, als ob ich ein Zentrum der Verständigung finden könnte. Während all dieser Zeit schauten wir einander nur an, ich in vollkommener Verblüffung. Es war, als wäre ich unter Hypnose und könnte mich nicht bewegen oder bewerkstelligen, dass meine Hirnwellen die Botschaft schnell genug erfaßten. Ich war einer Verständigung mit diesem prachtvollen, wunderbaren Licht ganz nahe, als mein Intellekt mir eine Botschaft sandte: die falsche Botschaft. Mein Geist ersetzte Gott durch Ufos, und ich begann mich zurückzuziehen.

Dabei bewegte sich das Licht seitlich. Ich ging weiter rückwärts, in einem hypnotischen Zustand, bis in die Küche, wo meine Mutter, die vom Küchenbalkon her Zeugin war, das Licht auch bemerkte. Sie sagte, es habe den ganzen Balkon wie ein Blitz erleuchtet, und auch sie hatte das Gefühl einer menschlichen Gegenwart gehabt. Sie sagte, das Licht habe sich bis zur Ecke unseres Hauses bewegt und sei dann verschwunden.

Mein Neffe kam in die Küche, um etwas aus dem Kühlschrank zu holen. Als er sich umdrehte, sah er etwas, das er für einen Blitz hielt und das nicht nur die Küchenveranda erleuchtete, sondern auch die Küche und das Eßzimmer. Aber in jener Nacht hatte es weder Sturm noch Gewitter gegeben.

Ich schrieb alles, was wir bemerkt hatten, auf und kontrollierte tagelang, ob ich nicht etwas vergessen hätte. Ich rief die Luftwaffe und das Raumfahrtzentrum an, um herauszufinden, ob sonst noch jemand das Licht gesehen hatte. Dann fing ich an mich zu fragen, warum, von allen Leuten auf der Welt, das Licht mir erschienen war? Ich hatte allmählich das Gefühl, das sei kein Zufall.

Schließlich kam mir etwas in den Sinn, was den Besuch hätte veranlassen können. Etwa vierzehn Tage zuvor hatte ich eine Bibelgeschichte gelesen. Ich kann mich zwar nicht erinnern, worum es da ging; ich weiß nur noch, daß Jesus ein großes Wunder vollbrachte und ich tief beeindruckt gewesen war. Ich sagte zu mir selber: «Warum erscheint Jesus uns Heutigen nicht auf die gleiche Art?»

Jesus wollte, daß ich wisse, daß er heute ebenso wirklich ist, wie er es damals war. Vielleicht nahm er meinen großen Glauben an ihn wahr und wollte mir Sicherheit geben, daß er immer bei uns ist.

Wer weiß, vielleicht habe ich in der kurzen Zeit, in der ich das Licht ansah, wirklich eine Verbindung mit Gott gefunden. Ich weiß von meiner Vision, daß er gütig und liebevoll ist. Er ist rein und still wie ein ruhiger, friedlicher See. Er ist wunderbar und aufwühlend, und ich spürte seine unterdrückte

Energie. Es war die Art Energie, die wie eine Kernwaffe explodieren oder ein Neugeborenes sanft streicheln kann.

Später las ich in der Bibel, Gott sei Licht. Nichts könnte mich tiefer überzeugen. Gott hatte nach dem wunderbaren Besuch mein Leben verändert. Vielleicht nicht sofort, denn ich war unsicher darüber, was ich gesehen hatte. Aber jeden Tag überzeugt mich meine Handlungsweise mehr.

Ich möchte bereit sein, mit dem schönen Licht zu reden, zum neuen Königreich zu gehören und in ewigem Frieden mit Gott zu leben.

JOYCE ROBINSON-BRIM, Washington D. C.

Ich hatte mehrere Erfahrungen. Hier berichte ich von dreien:

Die weiße Tür

Als ich etwa acht war, sah ich etwas, das ich nie vergessen habe. Wir lebten auf dem Land. Ich ging auf unser Haus zu, war aber immer noch in der Mitte der Weide.

Ich spürte einen Drang, nach rechts und nach oben zu schauen, und sah die allerschönste weiße Tür in ihrem Türrahmen vor tiefrot gefärbten Wolken. Ein solches Rot habe ich nie mehr gesehen. Es sah aus, als wäre es aus Dampf, und war sehr schön. Was das bedeutete, weiß ich nicht. Aber ich habe die Erinnerung daran. Es war meine erste Erfahrung von etwas, das ich nicht erklären konnte.

Das Händehalten

Mitte der achtziger Jahre war das Leben für mich ziemlich schwierig. Ich hatte eine Tochter, einen Teenager, die versuchte, ihre eigenen Wege zu gehen, und ich war bei schlechter Gesundheit.

Als ich eines Abends zu Bett ging, betete ich und war dann am Einschlafen. Ich war körperlich sehr müde und wollte nichts als schlafen. Plötzlich sagte eine Stimme zu mir: «Ich will deine Hand halten.» Aus irgendeinem Grund erschrak ich nicht, sondern war sehr ruhig und schläfrig. Da ich auf meiner rechten Seite lag, streckte ich die Linke aus. «Nein», sagte die Stimme sanft, «ich will deine rechte Hand halten». So streckte ich meine Rechte hin und verfiel sofort in Schlaf. Am nächsten Morgen erinnerte ich mich an den Vorfall und fragte mich, was er bedeute. Ein paar Tage später gab mir eine Freundin ein Buch über Verheißungen in der Bibel. Eine Woche lang hatte ich keine Zeit, darin zu lesen. Aber eines Tages nahm ich es vor, und auf der Seite, bei der es sich öffnete, stand «Ich will deine Rechte halten und dich trösten. Fürchte dich nicht.»

Das erfüllte mich mit Demut und Liebe: ich begriff, daß Gott gekommen war, um mich sehr fühlbar zu trösten.

Das Entzücken

Menschenworte werden die Gefühle, die diese Erfahrung begleiteten, nicht beschreiben können, aber ich will es so gut wie möglich versuchen.

1980 (ich bin achtundvierzig) wurde ich krank. Ich war immer müde, meine Muskeln waren schwach und die Knochen schmerzten entsetzlich. Einen Arztbesuch verschob ich immer. Meine erwachsenen Kinder suchten einen geeigneten Arzt. Ich fürchtete, Wirbelsäulenkrebs zu haben. Schließlich ging ich zur Ochsner Foundation in New Orleans. Die Diagnose lautete «autoimmune Krankheit». Das ist der multiplen Sklerose sehr ähnlich. Ich war besorgt, denn ich wußte, keine Versicherung würde mich noch akzeptieren. Ich fragte den Arzt, ob es sich um einen Irrtum handeln könne. Er glaubte es nicht, aber es gebe eine weitere Testserie, die ich absolvieren könne. Sie sei aber sehr teuer. Ich erbat mir ein paar Tage Bedenkzeit und sagte, ich würde ihn benachrichtigen, wenn ich wüßte, was ich tun solle.

Ich ging heim und betete drei Tage lang zu Gott. Ich war in großer Unsicherheit. Am dritten Tag ging ich, nachdem ich den Haushalt besorgt hatte, in das Badezimmer, um zu duschen. Ich hatte eben begonnen, da spürte ich plötzlich, daß jemand bei mir war. Für mich war dieser Jemand Jesus. Ich fiel in Verzückung, war völlig vertieft, nahm meine Umgebung nicht mehr wahr. Er sagte mir, ja, ich hätte die diagnostizierte Krankheit, aber ich solle mich nicht fürchten, es würde nicht allzu schlimm werden für mich (diese Krankheit verläuft manchmal tödlich und kann große Schmerzen bereiten). In den drei vergangenen Tagen hatte ich an nichts anderes denken können, aber jetzt war mir das alles ganz gleichgültig. Alles, worauf ich mich konzentrierte, war meine Erfahrung. Ich fühlte eine unirdische Liebe und eine Sicherheit, die ich nicht für möglich gehalten hätte. Es gibt keine Worte, die diese Gefühle beschreiben. Sie waren nicht von dieser Welt. Aber jetzt weiß ich, daß es sie gibt. Hätte diese Gegenwart zu mir gesagt: «Komm; ich nehme dich mit», so hätte ich alles fallen lassen, um mit ihm zu gehen. Ich wollte, ich könnte diese Erfahrung gebührend beschreiben, aber ich kann es nicht. Unnötig zu sagen, daß sie mein Leben veränderte. Ich weiß es jetzt: «Gott ist, Gott liebt, Gott kümmert sich um uns.» Ich fürchte den Tod nicht mehr. Ich liebe zwar mein Leben, aber ich werde nie mehr Angst haben, es zu verlieren.

Uns erwarten Wunder, die wir uns nicht im entferntesten vorstellen können.

ALICE GUIDRY, Thiboudaux, Louisiana

Als ich etwa fünf war, hatte ich eine «Epiphanie». An einem warmen Frühlingstag saß ich ruhig und ganz allein auf einem alten Pappelstrunk auf unserer Farm bei Jerome, Idaho. Mutter benützte diesen Strunk, um Hühner zu töten und zu rupfen, so daß eine Menge Federn umherlagen. In der Nähe stand ein arg verwittertes Hühnerhaus. Zu meinem Erstaunen fing alles an intensiv zu schimmern. Das verwitterte Holz des Hühnerhauses sah übernatürlich aus und schien irgendwie göttlich.

Selbst die Federn hatten Göttliches an sich. Ich fühlte einen ungeheuren inneren Frieden und eine Weisheit, die weit jenseits meines fünfjährigen Wortschatzes lag. Mir schien, ich könnte Moleküle verstehen, und alles vor mir sei gut. In den nächsten zwei bis drei Tagen nach dieser Erfahrung war es kalt und windig, und ich setzte mich immer wieder auf den Baumstrunk, um das Erlebnis zurückzubekommen. Bis zum heutigen Tag verfolgt es mich, und ich gäbe ein Vermögen drum, wenn ich das nochmals erleben dürfte.

JACK KLEINKOPF, Shelton, Washington

Ich habe heute Ihr Buch «Engel» gekauft und sah Ihren Aufruf, man möchte Ihnen die mystischen Erfahrungen mitteilen, die man erlebt hat. Ich dachte, ich könnte Ihnen den Bericht über eine Erfahrung schicken, die mir vor etlichen Jahren zustieß. Ich schicke auch die Photokopie der entsprechenden Tagebuchseite.

Ich wollte das Mantra klären, das ich während des Erlebnisses benutzte. Die meisten religiösen Juden scheuen sich, irgendeinen Namen für G-tt zu schreiben und erst recht das Wort selbst, und wie Sie sehen, lasse ich den Vokal aus. Der Sinn davon ist, daß der Name nicht entweiht werden darf.

Ich bin kein orthodoxer Jude. Ich bin zwar eher traditionalistisch, aber auch Mitglied einer Reformsynagoge. Ich bin in jeder Hinsicht ein ganz gewöhnlicher Mensch.

Dieses Erlebnis ist mir geblieben und bleibt ein verborgen gehaltenes Juwel für mich. Ich habe nur zwei Menschen davon erzählt. Bitte nennen Sie meinen Namen nicht.

9. Mai 1988

Letzte Nacht hatte ich ein seltsames und wunderbares Erlebnis. Ich weiß nicht recht, was ich davon halten soll. Ich werde einfach abwarten, ob und wie es mein Leben verändern wird. Ich arbeitete an einem Kurs über Meditation und las bis ziemlich spät. Als ich zu Bett ging, war ich sehr müde, aber nach kurzer Zeit wachte ich wieder auf und konnte nicht mehr einschlafen. Ich befand mich in einer Art Halbschlaf, war aber trotzdem von Spannung oder Dringlichkeitsgefühl erfüllt. Ich stand auf, und das – durchaus körperliche – Gefühl blieb. Ich beschloß, es mit Entspannungsübungen zu versuchen. Gewöhnlich meditiere ich nicht mitten in der Nacht. Aber der Wunsch war so stark, daß ich mich besser fühlte, sobald ich mich hinsetzte und zu entspannen versuchte. Der Drang, mich loszulassen und tiefer ins Meditieren zu gleiten, war sehr stark. Es war, als ob etwas draußen oder in meinem Innern die Kontrolle übernähme. So ließ ich es gewähren. Es war G-tt selbst, der mit mir sprechen wollte. Ich gelangte sehr rasch in große Tiefe, und mein Körper gehörte mir nicht mehr.

Ein Gefühl von Liebe und Ergebenheit durchdrang mich, und mein Geist wiederholte als Mantra immer wieder die Worte *Adonai elohai,* hebräisch für «O H-rr, mein G-tt». Es ist schwer zu beschreiben, wie ich mich fühlte. Es war, als wäre ich tief verliebt. Ich wollte nur noch tiefer und tiefer eindringen und mich vollständig in G-tt verlieren. Ich bat ihn, mich zu ihm kommen zu lassen, auf ewig. Meine Arme öffneten sich ohne mein Zutun nach oben, als wollten sie ihn umarmen. Dann, später, hatte ich den Eindruck, mein Herz werde herausgenommen und eine Schrift darauf gelegt. Das Wort war ein hebräisches Tetragrammaton, das sich von rechts nach links liest: «Adonai» also «H-rr». Aber die Buchstaben standen übereinander, nicht waagrecht, so daß man sie nicht ganz genau ausmachen konnte. Und dann erhoben sich meine Hände noch höher, und ich fühlte sehr viel Liebe in jeder Hand, greifbare Liebe.

Ich wiederholte im Geist mein Mantra und sagte G-tt, daß ich alles tun würde, was er wünsche, und daß ich ganz sein war und er mit mir tun könne, was er wolle – selbst wenn es hart für mich wäre, selbst wenn ich hierbleiben müßte; ich hatte ihn ja gebeten, mich zu sich zu nehmen. Ich hätte für immer in diesem Zustand bleiben mögen. Ich fragte mich, ob diese Erfahrung mich verändern würde, und ob die Leute, wenn sie mich anschauten, wissen würden, daß sein Name auf meinem Herzen geschrieben war wie auf Engelsherzen. Hierauf vereinten sich – wieder ohne mein Zutun – meine Hände auf meiner Brust, und als sie sich berührten, schien mir, sie gehörten mir nicht. Kurz danach legten sie sich über mein Gesicht, und ich hatte den Eindruck, mein Gesicht würde von jemand gestreichelt, der mich sehr liebte. Es war so schön. Gegen das Ende schaukelte ich ein wenig vorwärts und rückwärts vor Glück und Wonne. Und etwas später klingelte der Küchenwecker (aus irgendeinem Grund), und ich spürte, daß ich eine Rose geschenkt bekam, und ich wäre nicht überrascht gewesen, eine einzige Rose auf meinem Bett zu finden. Ich legte mich nieder und hatte noch immer das Gefühl, kein Teil meiner selbst zu sein, aber ich war auch nicht in Trance – nicht wie vorher. Ich empfand, ein Buddha zu sein (ein liegender Buddha, wie ich ihn in Bildern gesehen hatte) – hier und doch nicht hier.

Das ganze Erlebnis wurde von Engeln vermittelt – zwei Wesen, die ich nicht sah, sondern spürte. Als es fertig war, fragten sie mich, ob ich zurückwollte, und ich war damit einverstanden.

Es war Morgen, und ich fühlte mich immer noch von Liebe durchdrungen. Ich fragte mich, wie meine Lektüre und mein Nachdenken über den Meditationskurs meine Erfahrung beeinflußt hatten.

Mein Gedanke war, daß die beste Voraussetzung für ein mystisches Leben sei, beide Füße körperlich fest auf der Erde zu haben.

Name auf Wunsch nicht genannt

Ich habe entdeckt, daß ich viele spirituelle Führer habe, die mir jahrelang halfen, aber ich gewahrte sie nicht bis Juli 1985.

1985 war ich dreiunddreißig Jahre alt, lebte im nördlichen Teil von New York und arbeitete als Grundschullehrerin. Ich hatte soeben einer langen, intensiven, intimen Beziehung ein Ende gesetzt, und meine Gefühle waren wund. In einer schweren Depression mußte ich meine Arbeit aufgeben. Ich dachte an Selbstmord, wußte aber im Grunde meines Herzens, daß ich dazu nicht den Mut hatte. Ich versuchte weder mit Alkohol noch mit Drogen mein Leid zu lindern, denn das hatte ich stets verabscheut. Ich litt allein.

In jener denkwürdigen Nacht war ich so verzweifelt, daß ich laut nach göttlicher Hilfe rief. Ich erinnere mich deutlich, daß ich über mich selbst erstaunt war, denn ich war jüdischen Glaubens, und nun rief ich laut: «Jesus, du kennst mich nicht, weil ich nie an dich geglaubt habe, aber wenn du da bist, bitte hilf mir!» Dann war ich so ausgelaugt und erschöpft, daß ich einschlief. In den frühen Morgenstunden erwachte ich jäh und sah, daß die gekreuzten Stahlträger meiner Zimmerdecke in der Form eines großen Kreuzes leuchteten. Ich setzte mich im Bett auf, um sicher zu sein, daß ich nicht träumte. Meine Uhr zeigte drei Uhr früh. Hierauf sah ich ganz deutlich ein goldenes Licht über meinem Kopf schimmern; es umgab das ganze Kreuz. Ich konnte meine Augen nicht vom Kreuz lösen und starrte es in vollkommener Verwunderung an. Die Deckenbalken waren schwarz bemalt und meine Vorhänge zugezogen; das goldene Licht konnte also nicht Mondlicht sein. Plötzlich, als ich so erstarrt dasaß, hörte ich in meinem Innern eine Stimme: «Fürchte dich nicht, ich bin der Herr.» Wärme durchdrang meinen Körper, und ich fühlte mich getröstet und in tiefem Frieden. Ich legte mich in mein Bett zurück und schlief wieder ein.

Ich kann das frohe Gefühl nicht beschreiben, das mich am nächsten Tag überkam, als ich den Himmel und die Erde mit neuen Augen anschaute. Die Natur öffnete sich mir wie nie zuvor. Es war, als hätte ich neue Sinne entwickelt; die Farben waren so lebhaft. Selig schaute ich immer wieder zum Himmel auf, von tiefer Dankbarkeit überwältigt. Ich fühlte eine starke Sehnsucht, oben im blauen Himmel zu sein statt auf der Erde – so stark, daß ich noch am selben Tag zu unserem ländlichen Flugplatz ging, um mit einer einmotorigen Maschine zu fliegen. Als ich mit dem Piloten in der Cessna flog, hatte ich ein Gefühl überwältigender Freude und von «Déjà vu», als hätte ich das schon viele Male gemacht. Ich war so fröhlich, daß der Pilot mir zuredete, Flugstunden zu nehmen.

Nach meinem «Flug zum Himmel» verspürte ich einen starken Wunsch, anderen Leuten zu helfen. Mein Leben hatte wieder einen Zweck: den Alten, den Heimatlosen und den Gefangenen, kurz, den Vergessenen zu helfen. Ich antwortete auf ein Inserat, in dem eine Sommerstelle als Lehrer im Gefängnis des Staates New York offeriert wurde. Für den Rest des Sommers lehrte und beriet ich Häftlinge, was sich gefühlsmäßig als sehr lohnend erwies. Ich besuchte auch Pflegeheime und entdeckte, daß ich den Insassen spirituelle Ratschläge geben konnte.

Von September bis Dezember 1986 erhielt ich Botschaften aus einer Welt «jenseits der dritten Dimension». Ich sah Erscheinungen und hatte unglaubliche Träume über vergangene Leben. Ich trat in Verbindung mit verstorbenen Freunden und hatte viele andere übersinnliche Erfahrungen, bei denen ich über Leute, die ich eben erst kennengelernt hatte, vieles erfuhr. Ich wurde auch mit der Gabe des automatischen Schreibens bedacht und übermittelte Botschaften von Körperlosen. Einige, die ich in ihrem irdischen Leben nie gekannt hatte, sandten Botschaften durch mich an andere.

Von den vielen Botschaften, die ich «aus dem Jenseits» erhielt, waren drei besonders erstaunlich und bedeutend. Ich war in Verbindung mit drei Geistern namens Willy, John und Steve. Kaum zu glauben: aber ich fand sechs Monate später heraus, wer sie früher gewesen waren, als ich meinen neuen Freund kennenlernte. Sie waren seine besten Freunde gewesen und alle drei in Vietnam umgekommen. Wir waren überwältigt. Mein Freund akzeptierte die Botschaften, die ich ihm von meinen Geistfreunden übermittelte. Sie ließen ihm sagen, er solle aufhören, sich an ihrem Tod schuldig zu fühlen (er war mit ihnen bei der Luftwaffe gewesen), und sagten ihm, es gebe keinen Tod, nur einen Übergang von einer Dimension in die andere.

Willy vor allem war uns ein starker spiritueller Führer. Seine erste Botschaft war: «Hilfe wird bei der Mauer kommen.» Ich hatte keine Ahnung, was das bedeuten sollte, und wußte nicht einmal, daß mein Freund ein Veteran des Vietnam-Krieges war; wir hatten einander erst kennengelernt. Bis 1988 fand ich keinen Sinn in den Worten; damals fühlten wir die Notwendigkeit, das Vietnam-Kriegsdenkmal in Washington, D.C., zu besuchen. Meinem Freund war es vorher gefühlsmäßig unmöglich gewesen, «die Mauer» aufzusuchen. Willys Botschaften wurden indessen immer stärker, und wir wußten, wir müßten nach Washington gehen.

Auf der Mauer waren so viele Namen, daß wir überwältigt waren. Ich war noch nie dort gewesen, aber ich hörte Willy sagen: «E fünf und sieben.» Ich wiederholte das laut, wußte aber nicht, was es bedeutete. Wir gingen zur Ostseite, fanden aber immer noch nicht die Namen, die wir suchten. Ich beschloß, den Katalog nachzusehen, während mein Freund noch die Ostseite absuchte. Ich fand Willys Namen im Katalog. Sein Geburtstag war der 7. Mai (fünfter Monat, siebenter Tag). Der Katalog verwies auf Platte E-13. Ich ging zur Ostseite zurück und sagte meinem Freund, er solle Platte 13 suchen. Wir waren überrascht: er hatte direkt davor gestanden. Willys Name war auf der zwölften Zeile: E-5 + 7; 5 + 7 = 12!

Ich ging ein Stück weiter, damit mein Freund meditieren und allein sein konnte, soweit das bei den Hunderten von Leuten möglich war, die herumgingen. Ich ging zurück zur Westseite und führte mein eigenes Gespräch mit Willy, meinem Geistfreund. Dann fühlte ich den Drang, meinen Freund, der weit weg vor der Platte mit Willys Namen stand, zu fotografieren. Ich konnte ihn vor lauter Besuchern kaum sehen, und es war mir nicht klar, warum ich unbedingt ein Bild machen mußte, wo er doch in der Menge kaum sichtbar war. Man würde ihn ja auf dem Foto kaum sehen.

Wir beendeten unseren Besuch in Washington und kehrten nach Hause zurück. Eine Woche später war mein Film entwickelt, und ich hatte einen Schock! Das Bild, das ich von meinem Freund aufgenommen hatte, wie er vor Willys Namen stand, zeigte ihn ganz allein. Alle andern Leute waren weit weg, und er ist deutlich zu sehen, ganz von den andern getrennt. Mein Freund rief aus, er erinnere sich genau, daß um ihn herum Massen von Leuten gestanden hätten. Er sagte mir, Willy hätte immer gewußt, daß ein Teil von ihm nie etwas glauben würde, das nicht wissenschaftlich bewiesen war. Ich hatte versucht, ihn davon zu überzeugen, daß Willys Seele lebte, daß er nicht gestorben war und daß er mit ihm spräche mit Hilfe der Botschaften, die ich empfing. So erstaunt er über meine Aussagen war, fand er es immer noch schwer, daran zu glauben. Und jetzt hatte Willy mit der Fotografie den endgültigen Beweis geliefert.

Seither habe ich andere Botschaften empfangen von Geistern, die auf viel höheren Vibrationsebenen leben. Die Botschaften sagen alle dasselbe. Wir sind alle eins, und es gibt keinen Tod, nur den Übergang von einer Form zur anderen. Wir sind alle Funken unseres Schöpfers, und unsere Bestimmung ist es, vollkommene Seelen zu werden. Das Universum ist gewaltig, jenseits von Dimensionen, die wir auf der Erde kennen, und wir sind nie allein. In jeder Dimension gibt es «Führer», die uns helfen, spirituell vorwärts zu kommen bis zu einer Vereinigung mit Allem-das-Ist, der universellen Intelligenz, die alle Energie geschaffen hat. Wir sind eine Gruppen-Intelligenz, die im ganzen All, das mit Licht und Liebe erfüllt ist, existiert. Wir sind alle miteinander verbunden.

MARCIA MITNICK, Hudson, New York

Erzengel (Ausschnitt), Sophien-Kathedrale, Kiew, 1043–46.

Sehet zu, daß ihr kleines von den Kleinen
geringachtet: denn ich sage euch,
ihre Engel im Himmel schauen allzeit
das Angesicht meines Vaters im Himme.

JESUS (MATTHÄUSEVANGELIUM 18,10)

Der folgende, schöne Bericht handelt von einer krebskranken Mutter, die am Sterben war und vier Engel an ihrem Bett sah, von denen jeder einen Zipfel ihres Lakens in der Hand hielt. Sie versprachen ihr mehr Lebenszeit und hielten das Versprechen. Interessant ist, daß auch der Hund die Engel sah.

•

Ich habe nie einen Engel gesehen, aber meine Mutter wurde von mehreren besucht, und im letzten November schrieb ich einen wahrheitsgetreuen Bericht darüber, über ihre Engelgeschichte. Ich gebe das erstmals jemand Fremdem zu lesen.

Nach dem Tod meiner Mutter las ich Dutzende von Büchern auf der Suche nach Linderung des Schmerzes. Nur das Ihre half mir. Ich kann Ihnen nur mit dieser Geschichte danken.

«Gibt es etwas, über das du besonders gern sprechen möchtest?» fragte meine Mutter mit der Stimme einer Fremden. Ihre Kehle war so rauh von den Schläuchen und Maschinen und ihre Lungen von Flüssigkeit so gesättigt, daß selbst die einfachsten Wörter ohne ihr Wollen entstellt wurden.

Diese Sprache hatte ich in den letzten paar Monaten zu deuten gelernt, ungern und bitter. Aber auch so konnte ich ihre Frage nicht gleich beantworten. Ich schaute auf meine im Schoß verkrampften Hände.

Meine Mutter lächelte geduldig und wartete darauf, daß ich spräche. Mit ihrem erst seit kurzem kahlen, glatten Kopf sah sie gleichzeitig unmöglich alt und unmöglich jung aus. Aber wie alles sehr Schöne war ihr Gesicht zu etwas geworden, das ich nur ein paar Sekunden aufs Mal anschauen konnte, ehe ich vor seiner hohen Kraft zurückwich. Ich drückte mich fester an die gepolsterten Wände des Krankenwagens.

«Nein, Mama, nichts Besonderes», antwortete ich seufzend. Doch ich war unfähig, sie anzulügen – wie immer, selbst als Teenager, als ich dringende Gründe dafür hatte. Und ich gestand ihr:

«Einfach alles, Mama. Ich möchte über alles sprechen.»

Jede große und kleine Sache, die mir in Zukunft zustoßen würde, dachte ich bei mir. Ich brauche die Antwort auf alle Fragen, die ich dir schon vor Jahren gestellt hätte, wenn ich genug gewußt hätte, um zu fragen. Ich brauche deinen Rat zur Erziehung meiner Tochter, deiner ersten Enkelin, die jetzt zu jung ist, um dich zu kennen, und sich mit meinen Erinnerungen wird zufrieden geben müssen, Erinnerungen, die schon von der tödlichen Krankheit überschattet sind. Und vor allem laß uns darüber reden, wie, wie in aller Welt, ich den Rest meines Lebens ohne dich, meinen einzigen und einzig sicheren Hafen bedingungsloser Liebe, werde leben können.

Das wollte ich sagen, blieb aber stumm. Gesprochene Worte wurden diesem Augenblick nicht gerecht, das war mir schmerzlich klar.

«Ich weiß», sagte sie im traurigsten Ton dieser fremden Stimme, als ob sie aus den Sorgenfalten meines Gesichts meine Gedanken hätte lesen können.

Ich blickte sie an, und die plötzliche Veränderung ihrer Augen gab mir einen Schock. Die außergewöhnlichen, ozeanblauen Augen meiner Mutter waren jetzt mit den blaßgelben Tränen einer sterbenden Frau gefüllt. Wann war dies eingetreten? Letzte Nacht? Oder vor einer Minute, als ich den Kopf gesenkt hatte? Das war die größte Entbehrung, ihre einzigartigen Eigenschaften nicht mehr sehen zu können, sie nur noch als immer weniger funktionierenden Körper wahrnehmen zu müssen.

Ich schaute aus dem Heckfenster des Krankenwagens und streichelte den Rücken ihrer kraftlosen Hand langsam und gleichmäßig im Versuch, mich zu trösten und Kontakt zu halten, auch wenn ich sie nicht mehr anschauen oder ansprechen konnte.

Sie atmete so flach. Ich konzentrierte mich auf ihren zusammengeschrumpften Körper (winzig außer dem großen, geschwollenen Bauch). Ich sah eine kleine, ruppige Bewegung ihrer tücherumhüllten Gestalt. Ich hielt den Atem an, als ich auf ihren Tod wartete, und war vor Schrecken starr.

Ich hauchte ein verzweifeltes Gebet: «Bitte, Gott, warte noch, bis wir daheim sind. Laß es in ihrem eigenen Bett geschehen und in Frieden.»

«Es läuft darauf hinaus, daß sie einen Tumor hat, der rasch wächst und binnen vierundzwanzig Stunden ihren Tod herbeiführen wird.»

Das hatte uns ihr Onkologe gestern abend im Spitalkorridor gesagt, die Augen auf den Boden geheftet.

«Es könnte ein besonders qualvoller Tod sein», fuhr er fort und sprach dabei mit unseren Füßen.

Meine Schwestern standen auch da, zu beiden Seiten meines Vaters. Ich drückte einen Notizblock an die Brust, auf dem ich sorgfältig alle unsere Fragen festgehalten hatte. Irgendwie hatten wir geglaubt, wenn wir dem Arzt die richtige Frage stellten, würde er schließlich die Antwort geben, auf die wir hofften. Aber jetzt waren alle Fragen über die Befindlichkeit unserer Mutter nutzlos; wir hatten «Tod» gehört. Immerhin, mein Vater würgte hervor: «Wird sie durchhalten, bis wir sie zu Hause haben?»

Der Arzt schaute meinen Vater mit einem Blick an, den ich schon einmal gesehen hatte. Das war vor zehn Monaten gewesen, als die Diagnose erstellt worden war. Meine Mutter hatte seiner klinischen Rede zugehört und dann eine einzige Frage gestellt. Das Zimmer war so still, daß ich dachte, man könne hören, wie unsere Herzen brächen, als sie sagte: «Bleibt mir noch ein gutes Jahr?»

Und der Arzt hatte meiner Mutter mit demselben vorsichtigen Ausdruck geantwortet.

Unglücklicherweise hatte er recht gehabt. Es hatte nicht einmal ein Jahr gedauert, und zu wenig von allem, was geschehen war, war gut gewesen.

Mein Vater zuckte zusammen, als er die stumme Botschaft auf dem Gesicht des Arztes las. Und dann sprach er mit einer Stimme, wie ich sie vor zwanzig Jahren gehört hatte, einer unglaublich vollklingenden, starken Stimme, die mir als Kind gottgleich vorkam.

«Ich habe einen privaten Krankenwagen gemietet, der meine Frau nach Hause bringen wird, sobald sie morgen früh aufwacht. Ich erwarte, daß Sie hier sind und jeden einzelnen Schlauch, wirklich jeden, von ihr wegnehmen, so daß sie heimkommen kann, wie es richtig ist, als geliebter Mensch.»

«Ja natürlich», sagte er einfach.

Er war sichtlich erleichtert. Er konnte nichts mehr tun, und glücklicherweise erwartete das auch niemand von ihm. Er übergab, sozusagen, die Fackel für den Endspurt.

«Sind wir schon über die Brücke gefahren, Liebes?» fragte meine Mutter erstaunlich wach.

Ich spähte draußen nach einem bekannten Gebäude und sah, daß wir verlangsamten, um durch die verschlafene Stadt im Osten Marylands zu gleiten, wo sich meine Eltern vor zwei Jahren zur Ruhe gesetzt hatten. Ich erkannte einige Nachbarn, die vor ihren Häusern standen und den vorbeifahrenden Krankenwagen feierlich grüßten; sie wußten, welch kostbare Fracht er enthielt.

Sie waren für sie dagewesen, wie das nur eine ländliche Gemeinschaft kann. Sie stellten frisch gekochte, noch warme Gerichte um fünf Uhr auf die Schwelle, sie jäteten ihren Blumengarten, wenn sie zur Chemotherapie fahren mußte, und sie entfernten das Gebüsch an der Küste, damit sie das Wasser von ihrem Bett aus sehen konnte. Sie hatten goldene Herzen.

«Mama, wir sind schon fast da; wir fahren durch die Stadt.»

Der Krankenwagen kroch unsere Zufahrt hoch, und ich sah meinen Vater und meine Schwestern wartend vor der Türe stehen. Der Anblick ihrer unglücklichen Wache traf mich, und mir kamen die Tränen. So sehe ich also aus, so sehen wir alle aus, nackte Gesichter voll verfrühten Kummers.

Wie schrecklich für sie, uns so in Erinnerung zu behalten. Und wie ebenso schrecklich für uns, uns so an sie zu erinnern. Ich warf mich zornig gegen die sich öffnenden Türen des Krankenwagens und atmete, als ich hinauskletterte, tief die regenfeuchte Luft ein. Ich floh, ohne daß es bemerkt wurde, denn alle Augen und Hände waren jetzt bei ihr.

Ich habe nur ganz dünne Erinnerungen an die ersten Stunden der Heimkehr meiner Mutter. Ich habe keine genauen Worte oder Ereignisse behalten. Am frühen Abend, vor unseren Augen, muß eine bemerkenswerte Wende eingetreten sein, eine, die kein Arzt hatte voraussehen oder für möglich halten können. Am nächsten Morgen wachte sie mit völlig flachem Unterleib auf, stand auf und kochte Kaffee für ihre ungläubige Familie.

«In der Nacht waren vier Engel bei mir», verkündete sie ruhig mit ihrer alten, weichen Stimme.

Meine Schwestern und ich lächelten; wir glaubten, sie meine ihre vier Töchter, denn Engel hin oder her, wir hatten abwechselnd die ganze Nacht unsere Ohren an einen Baby-Überwacher gepreßt, um zu hören, wie sie atmete.

«Nein», sagte sie, unsere Gedanken lesend, «vier Engel kamen in der Nacht, und jeder hielt einen Zipfel des Lakens eine Handbreit über meinem Bauch.»

Sie schaute über den Tisch feierlich jeden von uns nacheinander an. Mein Vater blickte auf seine Hände, aber wir andern schauten in ihre ruhigen, gläubigen Augen.

«Und sie warten noch auf mich. Sie sagten, ich dürfe darauf vertrauen, daß ich noch etwas Zeit habe. Und ich weiß, was all die Ärzte sagen, aber ihr müßt auf mich hören; die Engel haben es mir gesagt. Und jetzt machen wir ein paar Pläne.»

Und dann zählte sie ihre Wünsche auf. Das neue Boot abholen und einen Familienausflug über den Fluß machen. Meine Tochter mit dem Flugzeug kommen lassen, damit sie sie nochmals sehen könne. Ein kleines Abendessen veranstalten, um ihren engsten Freunden zu danken. Kleine Wünsche. Und doch übertrafen sie unsere kühnsten Gebete von gestern.

Meine Schwestern fingen an aufzuschreiben, was für das Abendessen alles nötig war, und ich folgte meiner Mutter ins Schlafzimmer.

«Mama», sagte ich und wußte eigentlich nicht, was ich fragen wollte.

Sie legte sich ihre bunte Seidenschärpe um den kahlen Kopf und schaute trotzig zu mir auf.

«Liebes, es war kein Traum. Es war nicht einmal eine Vision. Es ist wirklich passiert, und *sie* waren hier, so wahr du selbst jetzt hier stehst. Und», fügte sie hinzu und zeigte auf

Danny, unseren alten Golden Retriever, der auf seinem Lieblingsplatz am Fuß ihres Bettes lag, «er mußte gestern einen der Engel beiseite schubsen, bis er Platz hatte sich hinzulegen. Ich sah ihn, wie er einen Engel sanft mit der Nase anstieß, damit er hier schlafen konnte.»

Wir blickten beide auf den Hund, der seine kastanienbraunen Augen mir zuwandte und den Kopf stolz erhob, als wüßte er, wie wichtig er als einziger Zeuge der Geschichte meiner Mutter war.

«Verstehst du, du hast also Zeit, nach Kalifornien zurückzufliegen und meine Enkelin hierherzubringen, damit ich sie wiedersehe.»

Ich vergrub mein Gesicht im Hals des Hundes, um meine Verwirrung zu verbergen, und hörte selig ihren Plänen für ihre kurze, aber dennoch vorhandene Zukunft zu. Ich war immer der Ansicht, wenn Gott ein einziges Tier wählen würde, das in den Himmel kommen darf, so wäre es ein Golden Retriever. Die Enthüllung meiner Mutter bestärkte mich in diesem Glauben.

«Die Engel sagten mir, Gott habe meine Zeit bestimmt», sagte sie, «aber ich dürfe die Stunden bestimmen.»

Und so war es. In den nächsten paar Wochen erlebte sie ihre Abendeinladung, ungezwungen war sie in ihren Nachtkleidern dabei, und sie kommunizierte in ihrem Eßzimmer, wobei der gutmütige Priester über den schlafenden Hund steigen mußte, um nicht den gesegneten Wein zu verschütten. Und an einem ruhigen Tag fuhr sie in meines Vaters neuem Boot kurz übers Wasser. Und sie sah meine Tochter noch einmal und hörte ihr zu, wie sie hemmungslos kicherte, wie es nur eine Zweijährige, die von der Nähe des Todes unberührt ist, kann. Und andere kleine Dinge, die uns gewaltig beeindruckten, weil sie geschehen konnten. Jedes ein Geschenk Gottes für uns, durch sie. Das Geschenk erhörter Gebete.

Und nach sechs Wochen wählte meine Mutter ihre Stunde. Sie war zuhause und schlief in ihrem Bett, ihre Hand in der meines Vaters. Ich fragte nicht, aber ich war sicher, daß Gott in der Nähe war. Und ich bin noch sicherer, daß noch näher bei ihr ihre besonderen Freunde standen, die nur sie und der Hund hatten sehen dürfen, um ihre kostbare Last fortzutragen.

JACQUELIN A. GORMAN, Manhattan Beach, California

Wenn ich mein Töchterchen zu Bett gebracht, abgewaschen und aufgeräumt habe, schaue ich oft die Sterne an, um mich ein wenig zu entspannen angesichts der gewaltig großen Welt da draußen. Wenn ich bete, sage ich gewöhnlich nur «Dein Wille geschehe», oder denke über Probleme nach, die ich habe, oder danke. Oder ich schaue, um von meiner Alltagsroutine loszukommen, den Wald an, der unser Haus umgibt.

An jenem Tag hatte ich meine Tochter am frühen Abend zu Bett gebracht. Es war noch hell draußen. Ich ging ins andere Schlafzimmer und kniete vors Fenster, um den Wald anzuschauen, den ich liebe. Und ich hatte eine der seltsamsten Erfahrungen, seitdem ich gewahr wurde, daß es eine höhere Macht gibt. Als ich aus dem Fenster schaute (ich dachte an nichts Besonderes), schien mir, jedes Lebewesen im Wald, besonders die Blätter an den Bäumen, «atmeten» im gleichen Rhythmus. Gleichzeitig spürte ich ein unglaublich starkes Ziehen in meinen Eingeweiden, die sich im Takt mit den Blättern bewegten (oder atmeten), ohne mein Zutun. Es war, als hätte ich mich ergeben, als flösse eine weit stärkere Macht als ich durch mich und die Natur zur gleichen Zeit. Wir waren vereint, als ob jedes Lebewesen einen Zweck und einen Sinn hätte. Ich fühlte mich so demütig, daß mein Kopf sich senkte und ich weinte. Es war eine sehr schöne, sehr demütig stimmende, sehr ungewöhnliche Erfahrung für mich. Ich weiß nicht, warum oder wie sie zu mir kam. Sie zeigte mir lediglich die große Macht, das große Potential und den Zweck aller lebenden Wesen.

Wenn mir jemand das beschriebe, ich weiß nicht, ob ich es verstünde. Alles, was ich weiß, ist, daß es geschah und daß ich glaube, unser Leben hat einen Sinn und Gott liebt alle seine Kinder.

Name auf Wunsch nicht genannt

Die Engel sind ein sonderbares Genus.
Sie sind gerade das, was sie sind
und können nichts anderes sein: an sich
seelenlose Wesen, die nichts anderes
darstellen als die Gedanken und Intuitionen
ihres Meisters.

C. G. JUNG

Wir kommen zum Ende dieser Berichte; die welken Blätter treiben auf dem Wasser unseres Geistes, die Engelbriefe, die kamen und gingen wie ein Flüstern. Waren sie wirklich hier?

Warum haben wir nichts, mit dem wir das beweisen können, ausser einem Gefühl der Gnade, einer zerbrechlichen Hoffnung, dem Wissen um unsere Einheit und einem schönen Erschauern über diese Briefe, die uns höheren Ebenen entgegenführen und Gottes Unterschrift tragen?

Engelsbriefe.

Weiterführend. Wohin?

Im April 1990 wurde ich am WOR-Radio in New York von Gil Cross interviewt. Er erzählte folgende Geschichte über ein junges Paar, das ein kleines Mädchen und ein Neugeborenes hatte. Das kleine Mädchen bat, mit dem Baby alleingelassen zu werden, aber die Eltern hatten Angst. Sie hatten gehört, daß eifersüchtige Kinder manchmal ihre neuen Geschwister schlügen, und sie wollten nicht, daß dem Baby etwas geschehe.

«Nein, nein», sagten sie. «Noch nicht.»

Und auch: «Was willst du denn von ihm? Was möchtest du tun?»

«Nichts, ich will bloß mit ihm allein sein.»

Sie bettelte tagelang darum. Sie drängte so sehr, daß die Eltern schließlich einwilligten. Im Zimmer des Babys war eine Gegensprechanlage. Sie beschlossen, zuzuhören, und wenn das Baby schrie, wenn das kleine Mädchen das Baby schlug, konnten sie schnell in das Zimmer rennen und ihr das Baby wegnehmen. Das kleine Mädchen ging also hinein und zur Wiege. Allein. Sie näherte sich dem Neugeborenen, und über die Gegensprechanlage hörten sie sie flüstern: «Erzähl mir von Gott. Ich vergesse ihn.»

•